시베리아의 딸 김알렉산드라

시베리아의 딸, 김알렉산드라

모두가 평등한 세상을 꿈꾸었던 조선인 최초의 볼셰비키 혁명가

초판 1쇄 발행 2020년 4월 10일
초판 3쇄 발행 2022년 1월 10일

글·그림 김금숙
원작 정철훈
펴낸이 이영선
책임편집 김선정

편집 이일규 김선정 김문정 김종훈 이민재 김영아 김연수 이현정 차소영
디자인 김회량 이보아
독자본부 김일신 정혜영 김민수 박정래 손미경 김동욱

펴낸곳 서해문집 | 출판등록 1989년 3월 16일(제406-2005-000047호)
주소 경기도 파주시 광인사길 217(파주출판도시)
전화 (031)955-7470 | 팩스 (031)955-7469
홈페이지 www.booksea.co.kr | 이메일 shmj21@hanmail.net

ISBN 978-89-7483-012-0 03910

이 도서의 국립중앙도서관 출판예정도서목록(CIP)은 서지정보유통지원시스템 홈페이지(http://seoji.nl.go.kr)와 국가자료공동목록시스템(http://www.nl.go.kr/kolisnet)에서 이용하실 수 있습니다.(CIP제어번호: CIP2020010303)

이 작품은 성남시, 성남문화재단의 지원을 받아 저술되었습니다.

시베리아의 딸 김알렉산드라

모두가 평등한 세상을 꿈꾸었던
조선인 최초의 볼셰비키 혁명가

김금숙 만화
정철훈 원작

서해문집

차례

어느
수감자의
고백

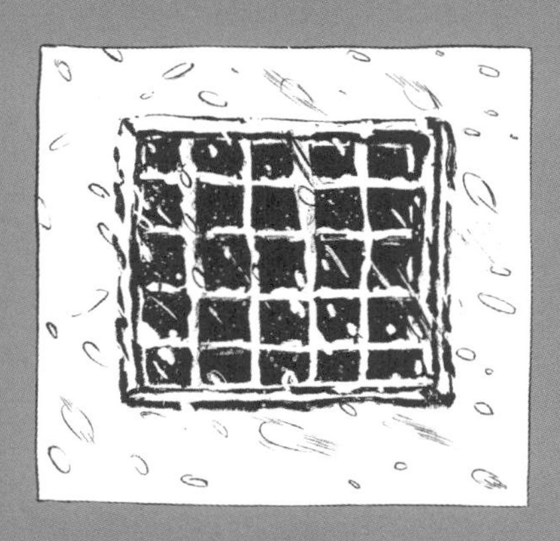

prologue

1923년 블라디보스토크

탈영이라니.

그 자리에서
총살 안 당한 게 다행이오.

그게 다 여자 때문이오.

애인이 많이
그리웠나 보구려.

애인은 없소. 그냥 여자가
그리웠을 뿐이오.
뭐, 술도 그리웠고.

그렇다고 목숨을 걸어요?
집단 탈영도 많았소.
이유야 조금씩
다르지만.

어차피 싸우다가
언제 죽을지도 모르는데.
당장 죽더라도 여자랑
한번 하고 싶더라고.
크크.

형씨는 그런 적 없소?
죽어도 하고 싶은 거요?

글쎄요…
단지…

내 목숨을 바쳐서라도 바라는 건 있지.

중국인은 아닌 것 같고,
몽골인이오?

한인이오.

그럼 바라는 게?

조선의 독립이오.

그렇군.
그만 잡시다.

끄으응…

여보시오.

이봐요.
헉

밤마다 무슨 꿈을
그리 험하게 꾸시오?
사람을 죽였소.

상상을 초월할 만큼 많이.

내가 죽인 귀신들이 날 찾아와.

특히 그 여자…
볼셰비키*의
우두머리라고 하더군.

당신처럼 한인이었소.
혹시 그 여자의 이름이…?

***볼셰비키** : '다수파'라는 뜻으로, 1903년 제2회 러시아 사회민주노동당 대회에서 레닌을 지지한 급진파를 이르던 말. 멘셰비키(소수파)와 대립하였으며, 1917년 10월 혁명을 지도하여 정권을 장악한 뒤 1918년에 당명을 '러시아공산당'으로 바꾸었고, 1952년에 다시 '소비에트연방공산당'으로 바꾸었다가 1990년 소련의 해체 과정에서 해산되었다.

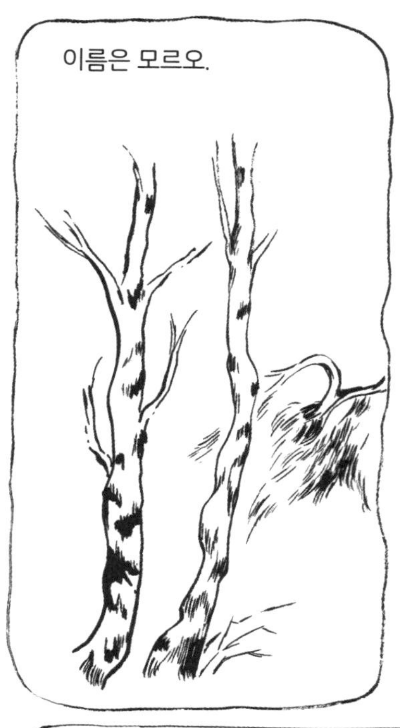
이름은 모르오.

심한 고문으로 겨우
서 있으면서도 또박또박
말했지.

죽음 앞에서 그렇게
당당한 여자는,
아니 사람은 처음이었어.

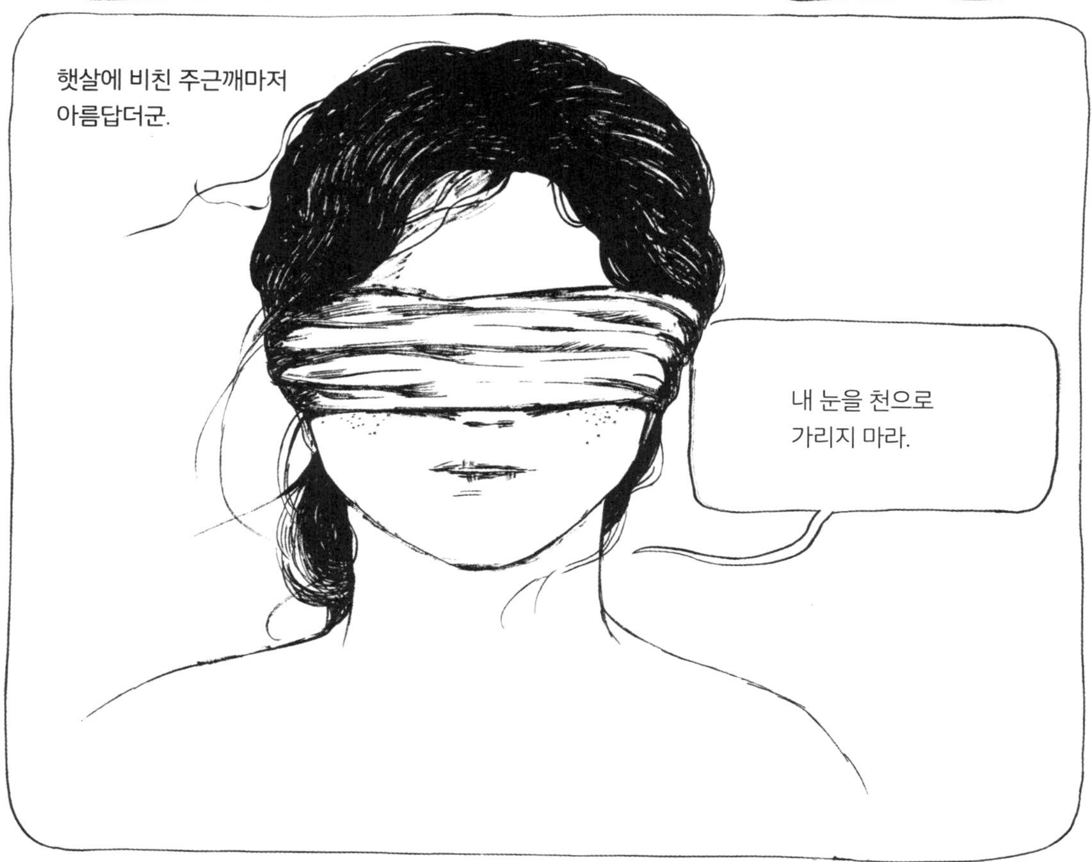
햇살에 비친 주근깨마저
아름답더군.
내 눈을 천으로
가리지 마라.

동청철도 노동자들

1화

1906년 블라디보스토크

금각만

똑
똑

누구요?

야학 교사를 찾는다고요?

일단 안으로 들어오시오.
자초지종은 그다음에 들읍시다.

Трудова
стачка
1906.
Ivanoff

이바노프?

그냥 이반이라고 불러주시오.
당신은…

이주 한인이군요?

알렉산드라 페트로브나
스탄케비치예요.

지인들은 그냥 '쑤라'라고
부르죠.

스탄케비치는 아버지 성이요?
남편이요.

남편이 폴란드계인가 보군요.

이반, 당신은 철도 노동자들의
대부시네요.

야학 교사도 좋지만
우리와 함께 노동운동을
해보는 건 어떻겠소?

저 바다의 수평선은 누구에게나
평등하게 수평선이지요.

노동자에게도 평등하게
권리를 누릴 날이 올까요?

그렇게 되도록 우리가
만들어야지요.

아버지를 따라
니콜스크-우수리스크에서

중국 하얼빈까지 잇는 동청철도* 공사판에서
꼬박 5년을 살았어요.

아버지 존함이?

표트르 김이요.

* **동청철도**(東淸鐵道) : 1896년 러시아 치타에서 중국 북만주를 가로질러 블라디보스토크까지 연결된 시베리아철도의 지선.

중국어와 러시아어,
조선어 통역을 하셨지요.

혹시 의화단 사건* 때 아버지가
중국인 노동자들을 돕지 않았소?
그걸 어떻게 아시죠?
벌써 오래전 일인데.

표트르 김의 딸이
내 앞에 있다니!
정말 믿어지지
않는군요.

내가 조합 일에 뛰어들고 나서
당신 아버지의 이야기를
들었소.

철도 노조에서 당신 아버지는
전설 같은 존재요.

내게 아버지의 이야기를
자세히 좀 해주겠소?

* **의화단 사건** : 중국 청나라 말기에 일어난 외세 배척 운동. 1900년 6월, 베이징에서 교회를 습격하고 외국인을 박해했던 의화단을 청나라 정부가 지지하고 대외 선전포고를 하자 미국을 비롯한 8개국 연합군이 베이징을 점령 · 진압했다.

벌써 10년 전이네요…

동청철도 현장에 파병된 차르* 군대의
통변으로 아버지가 징집되었어요.

물론 아버지 외에 통변으로 징집된
다른 한인들도 있었지요.

하지만 그들은 돈을 써서
징집을 피했어요.

아버지는 그럴 돈도 없었지만,
설령 있었다 해도 징집을 피하진
않았을 거예요.
왜지요?

당신이 노동자
출신임을,
노동자임을
결코 잊지
않으셨어요.

* **차르** : 제정러시아 때 황제(皇帝)의 칭호.

나는 징집된 아버지를 따라
동청철도 건설 현장인
중국 만주 지방으로 갔어요.

1896년, 내가 열한 살 때였지요.

노동자에게 국적 따위는 중요하지 않다.
무산자(無産者)는 모두 형제다.
아버지의 말씀을
바로 어제처럼
기억한다.

나의 아버지 김두서(표트르 김)의 동청철도 시절을 이야기하기 전에,
그와 한인들의 노령 이주부터 이해하는 것이 순서일 것이다.

아버지 김두서는 함경북도 경흥 사람이다.
백두산
평안도
함경도
평양
중국
러시아
연해주
황해도
강원도
한성
경기도
울릉도
충청도
경상도
전라도
제주도
도문
훈춘
지신허
연추
두만강
백두산
경성
상수
갑산
만포
압록강
초산
조선
이곳이 내 고향 경흥이오. 한번 떠나온 후 다시는 돌아가지 못했소.

두만강 주변에 살던 조선인들이 국경을 넘어 연해주로 들어가 일하기 시작한 건 1860년대 러-중 간의 베이징조약으로 연해주 일대가 러시아 영토로 편입되면서였다. 하지만 영구 정착을 목적으로 연해주로 이주한 것은 1863년 12월 무렵이다.

함경도 무산 출신인 최운보가 자신이 살던 지역에 큰 흉년이 들자 농민 13가구를 이끌고 처음으로 러시아 포시예트 구역에 정착하면서 지신허(地新墟) 마을을 개척했다.

한인들은 러시아의 국유지에 집을 짓고 살면서 자신들을 보호해줄 것을 러시아 수비대에 호소했다. 이후 지신허 마을을 중심으로 티진헤강 주변 개척이 본격화됐다.

아버지가 경흥을 떠난 해는
1869년이었다.
북부지방에 큰 홍수가 나서
수많은 사상자가 생겼다.

그럼에도 조선 조정에서는
사람들을 구하기보다는
변방지역 분리 정책을 폈다.

그 상황을 알고 가만히 있을 수 없었던 최운보가 고향 땅을 다시 밟았다.

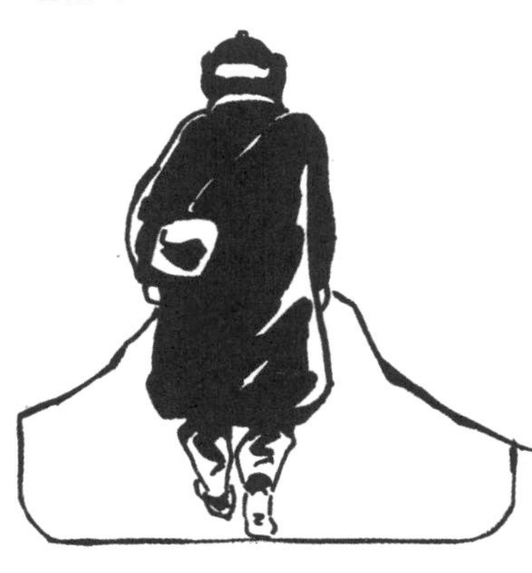

함께 갑시다. 러시아에선
열심히 일하면 땅을 소유할
수 있소.

천민도 땅을 가질 수
있단 말이오?
그렇소.

이 소문을 들은 아버지는 두 사촌동생을 데리고 빈민 96가호와 두만강을 건넜다. 당시 천민들뿐만 아니라 향족 계급도 중국과 러시아 영토로 이주했다.

조선 조정은 사람들의 이주를 막기 위해, 이주민을 적발하면 참수에 처할 것을 군대에 명했다.

그래도 갈 텐가?

여기서 굶어죽으나 가다가 죽으나…

생존을 위한 이주를
누가 막을 수 있을까?
으앙

이 한 해에 러시아령 이주민은
무려 6500여 명에 달했다.

러시아에 도착한 한인들에게 꿈같은 세계가 펼쳐진 것은 아니었다. 이주 농민들은 기근과 질병 등 이루 말할 수 없는 역경을 극복하고 니콜스크(소왕령蘇王領), 블라고슬로벤노예(사만리沙滿里), 블라디보스토크(해삼위海蔘威) 등지에 한인 마을을 개척, 건설했다.

아버지는 러시아 이주 전에
중국령 훈춘에 잠시 머물며
소작인으로 일했다.

훈춘에서 생활하는 동안
중국어를 틈틈이 익혔고
我
学
汉语

러시아 이주 후에는 러시아
토호들을 위해 막노동을
하면서도 러시아어를
공부했다.
А Б В
Г Д Е
Ж З И
К Л М О
П Р
С Т У Ф
Х Ц Ч
Ш Ы
Ю Я

* '나는 중국어를 공부한다.'

** 러시아어 알파벳.

시넬니코보(영안평永安坪)에
정착하면서부터는 조선말까지
3개 국어를 했다.
안녕하세요.
니하오.
즈드랏스
부이쩨.

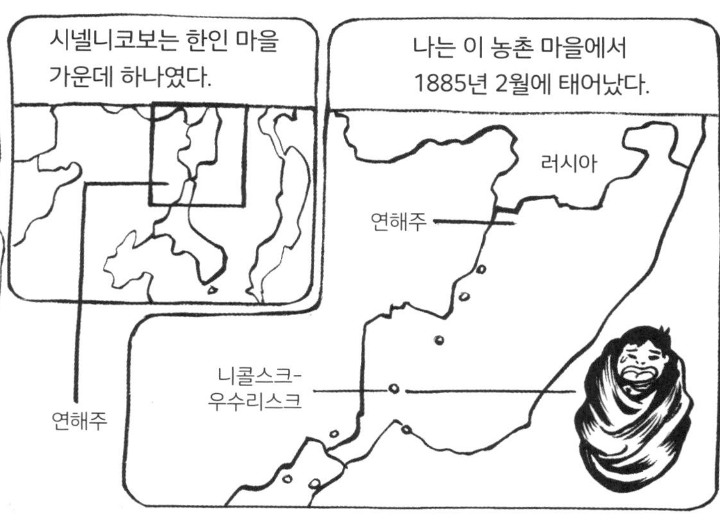
시넬니코보는 한인 마을
가운데 하나였다.
나는 이 농촌 마을에서
1885년 2월에 태어났다.
연해주
러시아
연해주
니콜스크-
우수리스크

어머니는 내가 아주
어렸을 때 돌아가셨다.

아버지도 어머니에 대한
말씀이 없으셨기에 여쭙지
않았다.

어린 마음에도 힘든 아버지를
더 힘들게 하고 싶지 않았다.

우리는 육남매였는데 큰오빠는 병으로 죽었다.

바로 아래 남동생은 1914년
제1차 세계대전 중에
전사했다.

어머니가 돌아가시고
아버지가 우리 남매들을
돌보셨다.

나는 어렸을 때부터
아버지를 도울 수 있는
것은 도왔다.

물론 동생들을 돌보는 것도
딸인 내 몫이었다.

아버지는 초기엔 다른
조선인 이주 농민들처럼
농사일을 했다.

하지만 시간이 지나면서 농사일보다는
어학적 재능이 필요한 일이 늘어갔다.
김두서 씨,
우리 좀
도와주시오.

이주민 한인 사회의
여러 가지 곤란한 문제를
러시아 관헌에 전달하고
해결하는 일을 하게 된 것이다.

이로 인해 아버지는
나중에 이주민촌의
촌장이 되었다.

러시아 관헌의 입장에서는
소수민족의 갈등을 해결하는
것이 중요했다.

그 때문에 정교회를 믿고
러시아어를 할 줄 아는 귀화
한인을 촌장으로 환영했다.
표트르 김.
반갑소!

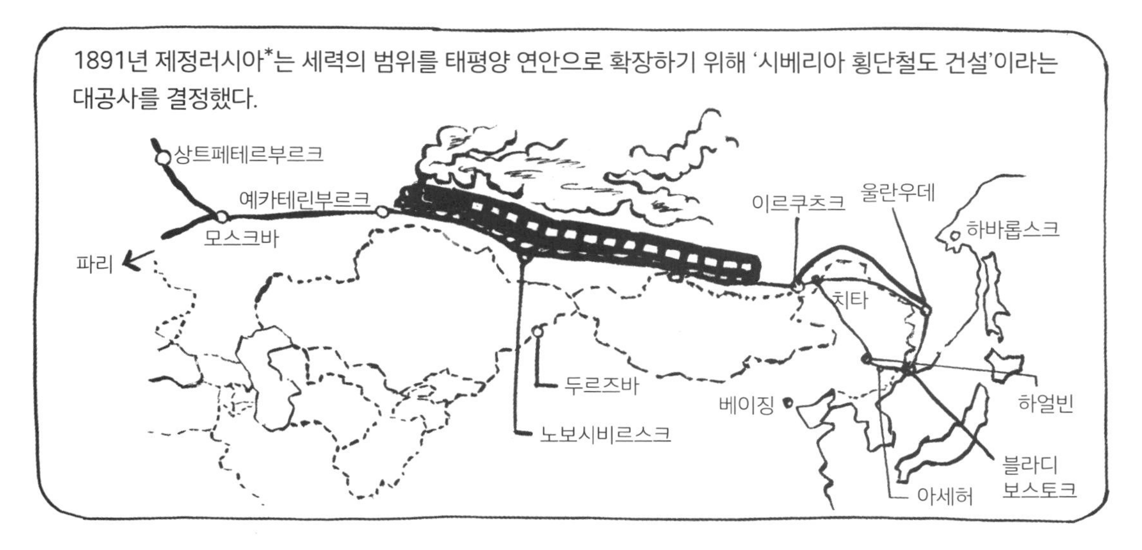
1891년 제정러시아*는 세력의 범위를 태평양 연안으로 확장하기 위해 '시베리아 횡단철도 건설'이라는 대공사를 결정했다.
상트페테르부르크
예카테린부르크
모스크바
파리
이르쿠츠크
울란우데
하바롭스크
치타
두르즈바
베이징
노보시비르스크
하얼빈
블라디
보스토크
아세허

러시아는 중국과의 협상을 거쳐 시베리아철도의 간선인 동청철도를 건설하고자 했다. 건설 현장에는 중국인, 한인 등 황색 노동력이 절대 다수로 동원되었다.

이 때문에 중국어, 러시아어, 조선어를 구사하는 아버지가 러시아 정부에 의해 통역원으로 강제 징집된 것이었다.

* **제정러시아** : 1917년 혁명 이전의 러시아를 일컫는 말.

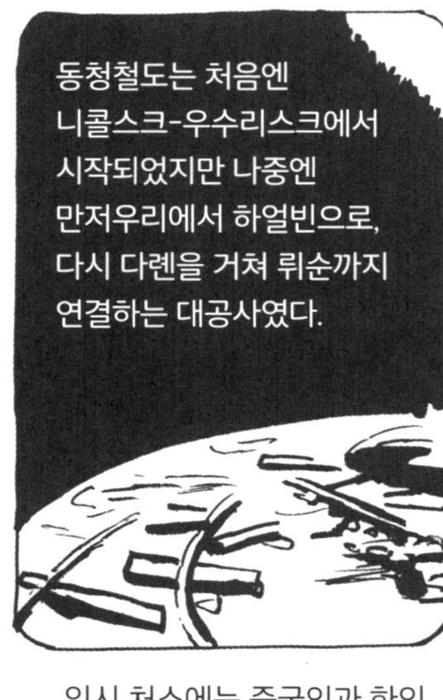
동청철도는 처음엔 니콜스크-우수리스크에서 시작되었지만 나중엔 만저우리에서 하얼빈으로, 다시 다롄을 거쳐 뤼순까지 연결하는 대공사였다.

아버지와 나는 건설 현장을 전전했다.

매번 천막을 쳐서 만든 임시 처소에서 노동자들과 함께 생활했다.

임시 처소에는 중국인과 한인, 소수민족들만이 섞여 살았다.

우리가 건설 현장에 가 있는 동안 오빠는 농사를 관리해야 했기 때문에 한인촌에 남았다.

동생들은 삼촌이 돌봤는데 양육비로 아버지가 돈을 보내드렸다.

건설 현장에는 대낮에도 호랑이가 나타나 사람들이 물려 죽기도 했다.

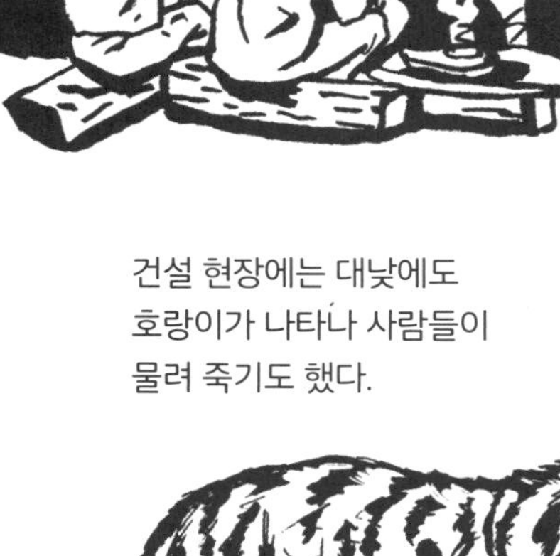

철도관리국 당국자들은
조·중 노동자의 임금을
러시아인보다 적게 줬다.

차별이 심해서 심지어
계약한 임금까지 떼어먹는
일도 빈번했다.

그때마다 아버지가
철도관리국에 항의하거나
노동쟁의를 벌여, 못 받은
임금을 받게 해줬다.

노동자들은 장비라고 해봤자
곡괭이와 삽,

운반기구인 밀차 정도였고,
큰 바위나 돌을 깨는 기구는
정과 망치가 전부였다.

밀차를 끌다가 사고가 나서
불구자가 되는 경우가
허다했다.

개중에는 남포(화약)가 터질 때
떨어져내린 돌뭉치에 맞아
죽은 사람도 많았다.

식량도 충분하지 않았다.
만두 몇 개와 밥 한 그릇이
전부였다.

러시아 노동자들은 달랐다.
그들은 다치면 병원에 보내
치료를 받게 했고,

부상을 입으면
국가연금까지 나왔다.

조·중 노동자들은 러시아
공민증이 없다는 이유로
병원 입구에도 못 갔다.

그렇게 다쳐서 시름시름
앓다 죽으면 시체를 무연한
광야에 묻곤 했다.
하물며 차르 군대의
말이 죽어도 장례를
치러주건만…

그리도 고향 산천을
그리워하더니… 잘 가시게.
그들은
소리 내어
울 수조차
없었다.

중국인 노동자들은 한인보다
더 위험한 상황이었다.

동청철도 연변은 모두
러시아 땅이어서 중국군은
들어올 수가 없었다.

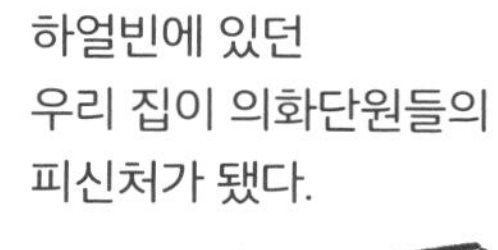

대신 중국 지방관리들이,
철도 건설 현장으로
의화단원이 피신했다고
잡으러 왔다.

아버지는 그걸
미리 알고
의화단원들을
피신시켰다.

하얼빈에 있던
우리 집이 의화단원들의
피신처가 됐다.

한번은 열댓 명이 기거한
적도 있었다.

1900년에 발생했던
의화단 사건은
정말 끔찍했다.

철도변이나 대로에
목 잘린 머리를
매달아놓았는데

나는 어른이 되어서도
악몽을 꾸곤 했다.

만주의 넓은 벌판에서
흙바람을 맞으며
천막 생활을 하면서도,
철도 부설 공사는 하얼빈
북쪽의 아세허 역에
당도했다.

아세허 역장은 폴란드계
러시아인 이오시포
스탄케비치였다.

아세허

마침 역 부근에 집이
한 채 비어 있소.
그곳에 기거하시오.
고맙습니다.

이로써 우리는 천막
살림을 겨우 면했다.

하지만 아버지는 집에
거의 계시질 않았다.

여러 철도 관구를
찾아다니며 노동자들을
위해 일하셨다.

아세허에서 아버지가
안 계신 동안에는
내가 통변을 맡기도 했다.

아버지는 지금 어디 계신가요?

돌아가셨어요.
1902년 6월이었지요.
차르 군에서 제대해 아세허 거처로
돌아온 아버지는 앓아누우셨어요.

철도 연변을 돌아다니며 몸을
돌보지 않아 장티푸스에 걸렸던 거예요.
미안하오…

동청철도 현장에서는
무엇을 느꼈소?
노동자들의
분노요.
굶주리고 억압받고 두들겨 맞아 분노로
이글거렸지요. 금방이라도 터질 듯이.

바로 그거요, 분노! 터질 때가 된 거요.
하지만 성공하기 위해서는 분노의
방향과 조절, 전략이 필요하오.

쑤라, 이 항만에서 노동자들을 위해
함께 투쟁합시다.

우리는 노동자를
착취하고

농산물을 헐값에
후려치는

쿤스트 운트 알베르스
백화점의 책임자를
더 이상 용서할 수 없다.

임금을 떼어먹은 작업반장을
당장 해고하고

밀린 임금을 지급하라.

여러분, 오늘 밤
결판을 냅시다!

와

와

와

해산하라. 이건 불법행위다.

우리의 파업은 정당하다.

당장 해산하지 않으면
발포하겠다.

임금을 주지 않는 백화점
책임자가 잘못이다.

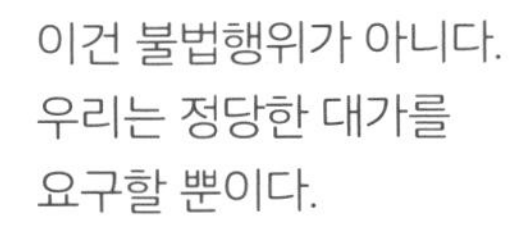
이건 불법행위가 아니다.
우리는 정당한 대가를
요구할 뿐이다.

허가받지 않은
집회는 불법이다.

우리는 물러서지
않는다.

열 셀 때까지 해산하지 않으면 발사한다.
이반이 모자를 던지면 신호다.
하나
둘
셋
지금이다!
피우
챙
앞으로 전진!!!

강한 것은 부러지기 쉽다.
탕
타

집단이란 강하면서도 약하다.
탕

지도자가 체포되면 금방
무너진다.
탕

이반은 체포될지도 몰라.

아니면 총에 맞았을
수도 있다.

하지만 노동자들의 분노는
활활 타올라야 해.

이번에 실패해도

다음번을 계획해야 한다.
삐이익

삐 이 익—

거기 서.

이크, 헌병이다!
저요?

어디를 그렇게 급히
가는 거요?

백화점에 불이 났다고
해서 가보려고요.
집이 어디요?

아르바트 거리에 살아요.
왜요?

못 믿으시겠어요?

집으로 당장 돌아가시오.
시위자나 부랑자로
체포될 수도 있으니.
알겠어요.

마침 마차가 오니
저걸 타고 가시오.
삐이익

신한촌(新韓村) 러시아 성당으로
가주세요.

블라디보스토크에서 와실리만큼
지식을 갖춘 귀화 한인은 없을 것이다.

카잔시 신학교를 마치고 모스크바의
샤납스크 종합대학까지 졸업한 수재다.

여학교 시절, 성당에서 아이들에게
러시아어를 가르치면서 그를 알게 되었다.

내게 항만 노조의 야학 교사 자리를
알선해준 사람도 바로 와실리였다.
쑤라! 이 밤에 웬일이오?
도와주세요.

차르 헌병대가 노동자들을 향해
총을 쐈어요. 시내 전체에 계엄이
선포됐어요.

이 성당에 볼셰비키들을 피신시켜
주세요.

파경

2화

집에 못 들어온 지
벌써 보름이 넘었어.
후…

보고 싶은 우리 아들…

드미트리, 어딨니?
드미트리.

쑤라.
로자! 부엌에
계셨군요.

저녁 준비하고 있었어요.
드미트리는요?

잠들었어요.

어디 아픈 데는 없나요?
없어요.

드미트리.

예쁜 우리 아가.

마…

안녕 드미트리?
깼구나.

더 자지. 왜 놀고 싶어?
그새 무거워졌네?

아프지 말고 건강하게
무럭무럭 잘
자라야 해.

어쩜 이렇게 눈이
맑고 파랄까?

네 아빠도 어렸을 땐
네 눈처럼 맑았는데…

내가 드미트리의 아버지가 될 마르크를
처음 본 건 아세허 역 근처로 이사 온
1897년 여름이었다.

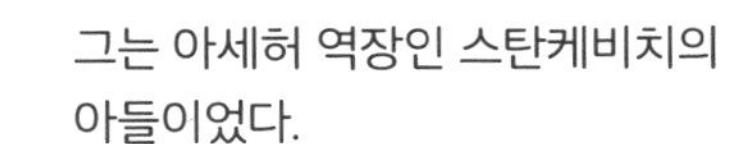
그는 아세허 역장인 스탄케비치의
아들이었다.

어?

그도
혼자
놀고 있었다.
나처럼…

와~ 눈이 정말 파랗다.
손에 든 유리구슬보다
더 파랗네.

마르크.

이제 그만 들어와
손 씻어. 밥 먹어야지.
예, 어머니.

저 아이 이름이 마르크구나.

마르크의 눈엔 내가
어떻게 비쳤을까?

아버지는 오늘도 못 오시는가?

우리 가족이 다 모여서
밥을 먹어본 적이
언제인지…

며칠 후 마르크를 다시 만났다.
아세허 철도학교에서였다.

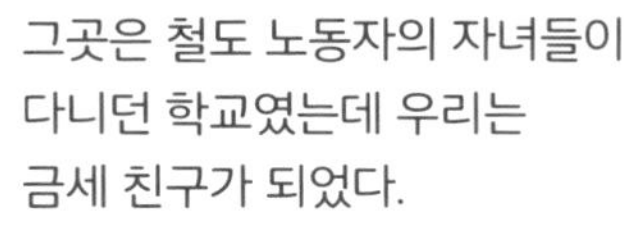
그곳은 철도 노동자의 자녀들이
다니던 학교였는데 우리는
금세 친구가 되었다.

콩

빌어먹을 볼셰비키!
흐엉

빌어먹을 멘셰비키
아나키스트
모나키스트 (왕당파)
에세리 (SR: 사회혁명당)

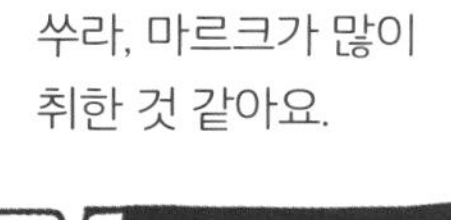
쑤라, 마르크가 많이 취한 것 같아요.

그것들 때문에 세상이 시끄러워 못 살겠어.
로자, 아무 걱정하지 말아요.

무슨 일이 있어도 이 방에서 나오지 마세요.

드미트리를 안심시키세요.

쑤라…

술 어딨어?
탁

그런 이념이 다 뭐가 필요해?
언제 죽을지도
모르는데.

지금 하고 싶은 거
하고 살아야지.
인생은
즐기는
거라고.

그 많던 재산 다 탕진하고
이제 그것까지 팔아넘길
생각인가요?

오! 이게 누구야?
어디서 많이 보던 분인데?!

도박에서 손 떼요, 제발.

당신이 뭔데 감히
이래라 저래라야?

안 돼요. 은제 식기는
결혼 예물이에요.
이봐, 이건 우리 부모님이 줬잖아.
그러니까 내 거야.

은제 식기 따윈 나도
관심 없어요. 하지만
드미트리를 생각해야지요.

뭐? 드미트리?

어디서 자빠져 자다가
보름 만에 나타난 주제에.

어느 노동자랑 뒹굴다
왔어, 엉?

항만 노조 일 때문이라는 거
알잖아요.

노조? 그딴 얘긴 듣고
싶지도 않아.
지겹다고.

난 너랑은 달라.
귀족 출신이거든.

또 그 잘난 신분
이야기인가요?

몰락한 귀족이라고
무시하나?
당신과 결혼하는 게
아니었어. 그때 어머니 말씀을
들었어야 했는데.

잘됐군요. 나도 다른 곳을 향해 가는 당신과 더 이상 함께하고 싶지 않아요.
이혼해요. 난 당신을 사랑하지 않아요.
악
누구 맘대로?
그만, 이제 그만.
폭력은 당신만 처참하게 만들 뿐이에요. 불쌍한 인간…

이봐. 똑똑히 들어.
난 너와 결코 이혼 따윈 하지 않아.
이혼 서류에 도장 찍어주리란 기대 따윈 말라고.
넌 법적으로 영원히 스탄케비치의 아내이자
며느리로 남을 거야.
죽은 후에도.
쿵
어떻게 이런 일이…

인생의 가장 소중한 한순간을 기억하는
사진이 든 액자가 깨졌다.
액자는 바꾸면 된다.

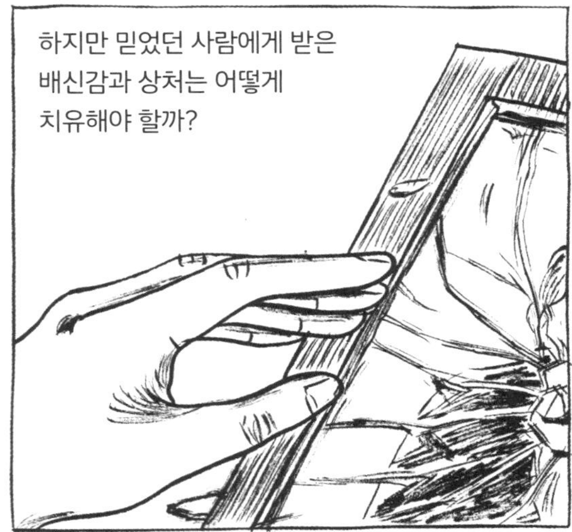
하지만 믿었던 사람에게 받은
배신감과 상처는 어떻게
치유해야 할까?

그도 나처럼 배신감과
상처를 받았다고
여기겠지?
그럼에도 나는
현재 나의 삶의 페이지에
머물러야 하는가, 아니면
다른 페이지로 넘어가야
하는가?

나는 무엇을 위해 살고자 했던가?

나는 무엇을 위해 죽고자 했던가?

아버지가 돌아가시기 전에 남긴 유언이 있었다. 나는 아버지의 유언을 따르지 않았다. 물론 그러겠노라 약속을 하지는 않았었다.
쑤라야.

너와 네 동생 마리아는 노동자와 혼인해야 한다.
아버지, 기운 내세요.

성실하고 착한 노동자와 결혼해서 너희 손으로 노동해서 먹고 살아라…
돌아가시면 안 돼요.

이제 어쩔 셈이니?

아버지를 대신해서 아세허 역에서 통변 일을 할까 해요.

쑤라, 중국은 더 이상 네가 있을 곳이 아니다.

너는 러시아 국적을 가졌어.
험한 노동자 사회에서 계속 통역만 할 수는 없지 않니? 아버지가 그걸 원하실까?

블라디보스토크로 오너라. 네 아버지는 내 생명의 은인이시다.
내가 아세허 역장으로 있었을 때 의화단 단원들이 날 추방하려고 위협했던 적이 있다.
그들을 설득해 돌려보내신 게 너희 아버지야.

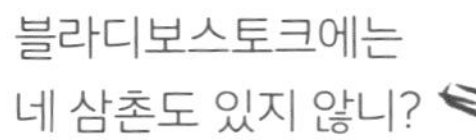
블라디보스토크에는 네 삼촌도 있지 않니?

사정이 안 좋으신가 봐요. 여비가 없어서 장례식에도 못 오신다고 편지를 보내오셨어요.

삼촌께 부담을 드리고 싶지 않아요.

그럼 우리 집에 와 있거라. 마르크도 좋아할 거다.

난 네가 여성사범학교에 들어가
교사가 되길 바란다.

내가 추천장을 써주마.

당시 나는 고향 시넬니코보에서
소학교를 마친 뒤 동청철도 건설 현장인
아세허 역 노동자 자녀들이 다니던
임시학교에서 자습 차원의 공부를 한 게
전부였다.

공부를 해야만 세상을 바로 보는
시각과 이 세상을 변화시키는 힘을 키울 수
있겠다는 생각이 들었다.

그해 여름 나는
스탄케비치의 제안을 받아들여
블라디보스토크로 떠났다.

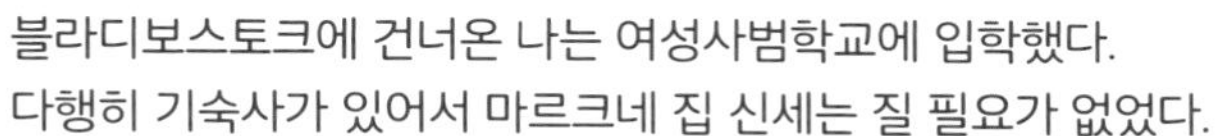
블라디보스토크에 건너온 나는 여성사범학교에 입학했다.
다행히 기숙사가 있어서 마르크네 집 신세는 질 필요가 없었다.

학창시절 나는
도브롤류보프, 게르첸,
벨린스키,

니콜라이
체르니셰프스키에
푹 빠져 지냈다.

무얼 그리 열심히 쓰지?

당신은?

니콜라이…

무얼 그리 열심히
쓰고 있냐니까?
체르니셉스키?!

당신의 저서《무엇을 할 것인가》를 필사하고 있었어요.
Н. ЧЕРНЫ

왜지?

당신은 이 시대의 새로운 인간상을 제시했으니까요. 그걸 온전히 마음에 새기고 싶어요.

당신은 어떻게 그 혹독한 감옥의 추위 속에서 이렇게 훌륭한 소설을 쓸 수가 있었나요?

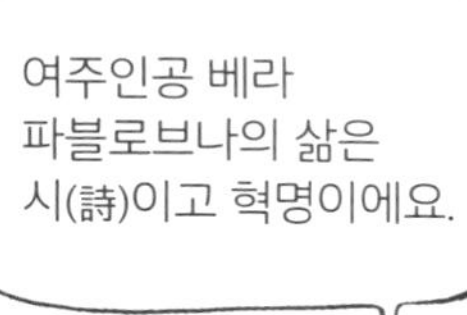
몸의 고통이 심할수록 정신은 맑아왔지. 차르의 토지개혁이 민중의 삶을 벼랑 끝으로 몰고 간 데 대한 분노도 도움이 되었고.

여주인공 베라 파블로브나의 삶은 시(詩)이고 혁명이에요.

시와 혁명을 같이 보다니, 재밌군.

당신은 이 책을 통해 교육과 계몽이 얼마나 중요한지 알려 주었어요.

어떤 인간이든 충분히 좋은 환경을 제공해준다면 다른 이를 괴롭히지도, 타락하지도 않을 거라 했지요.

나는 베라처럼 내 삶의 온전한 주인이고 싶어요.
그러려면 결혼이 내 의지와 자유를 억압해서는 안 되겠지요.
자유연애를 한다면 좋은 남자를 만날 수 있을까요?
하지만 결혼 후에 행동이 달라지는 남자도 있잖아요? 가령 폭력적이 된다든가…
인간이 변해서 폭력적이 되는 걸까? 애초에 폭력성을 가지고 있는 걸까?
여하튼 자기 삶의 선택은 스스로 해야겠지. 그에 따른 책임 또한 자신이 져야 하는 거고.

쑤라.
꿈에 체르니셉스키가 나타날 줄이야. 너무나 생생한걸.

쑤라.
마르크!

무슨 생각을 그리 골똘히 하기에 불러도 못 들어요?
미안해요. 그게 좀…

무슨 고민 있어요?
아니요. 뭐 그냥 최근에 읽은 책이 머릿속에서 떠나질 않네요.

요즘도 금서를 읽는 거예요?

체르니셉스키의 책은 정말 최고예요. 같은 소설을 몇 번이나 다시 읽었는지 몰라요.

한번 읽어볼래요?
안 돼요, 안 돼.

그러다 걸리면 큰일 나요.

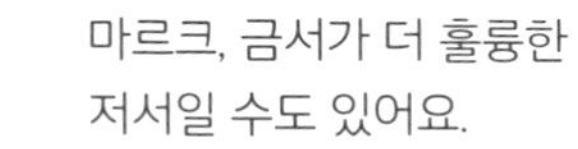
마르크, 금서가 더 훌륭한 저서일 수도 있어요.

그리고 왠지 하지 말라는 건 더 하고
싶어요. 호기심을 자극하거든요.
그게 바로 쑤라의
매력이긴 해요.

실은 나도 그의 책을 읽었어요.
쑤라가 하는 것이면 다 관심 있어요.
정말이요?

하지만 제발 조심해요.
비밀 독서클럽 같은 데는
더 이상 가지 말고요.

걱정해주어 고마워요.
그렇지만…
쑤라.

나와…

혼인해주오.

마르크도 한때는 나와
비슷한 곳을 바라보며
같은 길을 간 적도
있었다.

하지만 그는 부르주아
출신이었다. 태어나서 자란
환경은 어쩔 수 없는 것일까?

그렇다 해도 벨린스키와
체르니솁스키를 좋아한다면
그는 다를 거라고,
계급 따윈 문제되지
않을 거라고 믿었다.

마르크를 볼 때마다 측은하기도 했다.
하지만 측은함으로 결혼하는 건 옳지 않았다.
당시 나는 마르크에 대한 나의 그런 감정이
사랑이라 믿었다.

블라디보스토크 그의 집에서
그의 어머니를 보았다.
오전이었는데도
술에 취한 상태였다.
벽난로에 장작을
너무 지펴서
실내는
후덥지근했다.

그의 어머니는 하얼빈과 블라디보스토크를
오가는 남편의 생활이 불만족인 듯했다.
아니, 그들 부부관계를 지탱하는 것은 유산
때문이라고 마르크가 이야기한 듯하다.

마르크는 그런 어머니를 보며
나에게 도피하고 싶었는지도
모르겠다.

학교를 졸업하고 교사가 되었을 때 난 마르크와 러시아정교 성당에서 결혼식을 올렸다.

마르크의 어머니는 당연히 반대했다.

부르주아도 아닌 노동자 계급을 환영할 리 없었다.

내 결혼은 시넬니코보 마을에도 엄청난 충격이었다.

한인 처녀가 폴란드계 남자에게 시집을 간 것은 처음이었으니까.

사람들은 민족 관념이 희미해진 탓이라고 수군거렸다.

마르크와의 결혼을 적극적으로
지지한 건 오빠였다.
오빠는 이 결합이
동생들에게
경제적 도움을
줄 수 있으리라
생각했다.

무엇을 할 것인가?
그를 떠날 것인가?
내 영혼을 죽일 것인가?

탁

노예가 된
청년

3화

이반이 죽지 않아
정말 다행이야.

차르 러시아는 최후의 발악을 하고 있소.

전제주의 회오리가 러시아 전역에 휘몰아치고 있어요.

그 때문에 많은 동지들이 희생되었소.

새로운 은신처를 찾아야 해요.
쑤라, 부탁이오.
킹!

계엄령이 내려졌다.

와실리 신부의 신한촌 성당에 동지들이 숨어 있긴 하지만 그곳도 안전하지 못해.

만일 발각되면 신부님도 위험해.
킹!

중국령에 있는 한인 이주촌이라면 안전할 수 있어.

그곳에 은신처를 찾아야 해.
크르르릉

차르 헌병대의 사냥개
소리가 점점 가까워지고 있어.
컹

러시아와 중국의
접경지대를 오가며

거동이 수상한 자들을
추격한다더니
사실이었어.

저들에게 잡히면
내 목숨은 끝이야.
크르릉

다시는 드미트리도
볼 수 없어.

포기하고 돌아가자니 너무
멀리 왔어.

설사 돌아간다 해도
중간에 잡히고 말 겨야.
어차피 돌아갈 곳도 이젠

없다.

담비길을 이용하자.
담비길은 생전에 아버지가
일러준 사냥 루트다.

후

후

아버지가 청년 시절
눈 덮인 산을 헤매며
담비를 잡던 길…

아버지가 걷던 길을
내가 걷는구나…

후

드미트리, 사랑하는 우리 아가.
지금 무얼 하고 있을까?

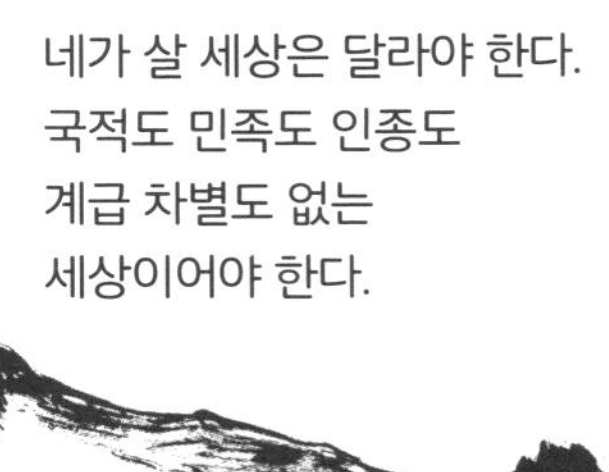
네가 살 세상은 달라야 한다.
국적도 민족도 인종도
계급 차별도 없는
세상이어야 한다.

모두가 평등한 세상…

발이

더 이상

움직이지 않아.

드미트리, 보고 싶은
우리 아가…

헉
헉

마마.
드미…?

마마.
드미트리!

악!

쑤라야.
아버지…

끄으응…

모… 몸을
못 움직이겠어.

여긴 어디지?
탁

절 구해주신 분이군요.
그만하길 다행입니다.

따뜻한 물입니다.

고마워요.
공복에는 따뜻한 물이 좋습니다.

하마터면 그냥 지나칠 뻔했어요.

싼차커우에 다녀오던 길이었어요.
조금만 늦었어도 벌써 요단강 건너셨을 거예요.

아직은 제가 죽을 때가 아닌가 보네요.

저기… 드미트리가 무슨 뜻입니까?

정신을 잃은 중에도 계속 그 말만 하더군요.

해삼위(블라디보스토크)에
있는 아들 이름이에요.

러시아 해삼위 말인가요?

왜 그리 놀라세요?
그 먼데서 여기까지?!

한 번도 가본 적이 없거든요.
전쟁 때 러시아 코쟁이들을
보긴 봤지만요…

여기는 어딘가요?
싼차커우, 둥닝현 외곽에
있는 이주 한인촌이에요.

댁은 누구신가요?
나는 채행길인데…

함경도에서 태어났어요.
부모님은 내가 어렸을 때
돌아가셨고요.

형제는요? 친척들이 좀 도와주셨나요?
서민들이 워낙 가난해서 쉽지 않았을 텐데…
혼자예요, 전.

천애고아로 남사당패에서
잔심부름을 하며 간신히
살다가 그들을 따라
중국령으로 넘어왔어요.

당시 남사당패가
싼차커우에서 공연할 적에
조선인 토호 안 사장이라는
사람의 사랑채에 머물며
식객 노릇을 했지요.

근데 밥값을 못 치르자 날
안 사장 집에 볼모로 남기고
자기들끼리 가버렸어요.

그럼 그때부터 지금까지
줄곧 이곳에?
그래요.

안 사장 집에서
머슴 노릇을 한 지도
벌써 십수 년이 지났네요.

긴 세월 동안 억울하게
착취를 당했군요.
지금은 행길 청년 같은
유민(난민)들이 천지예요.

어디를 가든 전쟁터니
그렇겠지요.

그나저나 소문에 러시아에서는
이주 한인들에게 땅을 준다는데

그게 사실입니까?

제 땅을 갖겠다고
두만강을 건너는
조선인들이 수두룩해요.

참말로 농사만
지으면 땅을 줍니까?

참말로 땅을 사고팔고 해요?
한 해 농사를 지으면
수입은 얼마나 되나요?

1년 농사를 지으면
50루블은 족히 벌지요.

이주 한인들은 주로 보리나
콩, 메밀을 심고 여유가 되면
삼도 재배해요.

장작 한 지게에
15코페이카예요.
행길 청년처럼
노동에 익숙한
사람은 금세 돈을
벌 수 있지요.

노동자 막사에서
2코페이카면 숙식이
해결되니 열심히 일하면
땅도 사고, 집도 장만할 수
있어요.

러일전쟁 이후 루블 시세가
떨어지긴 했지만 아직까지는
한몫 잡을 수 있는
기회의 땅이긴 하지요.

중국이나 조선보다는
희망이 있겠군요.

이곳에서 싼차커우까지는 얼마나 되나요?
그리 멀지는 않아요. 마차로 두어 시간이면 갑니다.
안전하니 걱정 마세요.
이 집은?
안 사장과 아무 연관 없는 집이에요.
이 근처에서 서너 해 농사를 짓다가 수확이 좋지 않아 조선으로 돌아간 농부들이 남긴 빈집이 몇 채 있어요.
이 집도 그런 경우인데 운 좋게 두 해 전에 제가 발견했어요. 그때부터 쭈욱 살고 있어요.

배고플 텐데 요깃거리 좀 가져올게요.

내가 저 총각을
믿어도 될까?
중국령에 거주하는
조선인 중 일본 경찰이나
차르 헌병대 밀정이
섞여 있을 수도 있어.
신분이 노출되면 은신처를
찾아 넘어올 노조 간부들이
위험해져.

하지만 지금은
발에 동상이 심해서
꼼짝도 할 수 없어.
믿을 수밖에
다른 방법이 없다…

내 목숨을 구해준 행길을
의심했던 내가 부끄럽다.

더 먹어요. 그래야 힘이
나서 건강을 되찾지요.
고마워요.
많이 먹었어요.

근데… 혹시
글을 읽고 쓸 줄 아나요?

서당 같은 데는 코빼기도
한번 디밀지 못했지만
한글은 어릴 적에 깨쳤고

한문도 제 깐에는
쓴다고 쓰긴 해요.

해삼위에 가면 돈벌이도
좋지만 신식 교육을 받으면
어떨까요?

공부는 무슨 공부입니까? 언제 죽을지도 모르는 전쟁 통에…

사람답게 살려면 배워야 해요.

저 같은 머슴이 배운다고 뭐 달라지나요?

지금은 차르 러시아가 노동자들을 착취하고 있지만 언젠가는 반드시 노동자가 주인이 되는 세상이 올 거예요.

어느 세월에 나 같은 천민이 주인 되는 세상이 온단 말입니까?

꿈같은 이야기 그만하세요.

행길, 잘 생각해봐요. 언제까지 착취를 당하며 살 건가요?

차르는 곧 최후를 맞이할 거예요.

최후가 다가왔기 때문에 더욱 난폭하게 발악을 하고 있는 거예요, 지금.

다른 세상이 올 거예요.
노동자들의
세상이요.

행길도 이 중요한 역사에
참여하고
있는
거예요.

나는 늘
하찮은
벌레 취급을
받아왔다.

인간은 모두가 같아요.

모두가 평등하지요.

인간은 모두가 평등하다…

안 사장은 어떤 사람인가요?
둥닝현에서
생은당이라는 한약방을
하는 사람이에요.

남사당패가 진 빚은
청산했나요?

애초에 청산할 게 없어요.

십수 년을 돈 한 푼 안 주고
머슴으로 부려먹었어요.

품삯으로 쳐도 수십 배는
받아야 해요, 제가.

"그럼 더 이상 머슴으로 살 이유가 없잖아요."

"그래도 먹여주고 재워준 은덕이 있는데요."

"그걸 저버리면
짐승만도 못한 거 아니에요?"

"이런, 이런. 평생
그 집 머슴으로 살 건가요? 먹여주고
재워준 은덕 때문에?"

"지금까지 일했잖아요.
안 사장이라는 사람은
행길의 착한 마음을 그저
이용했을 뿐이에요."

"그는 인간관계를 노동과
착취로 바꿔버린
부르주아일 뿐이에요.
정신 차려요, 행길."

"부르주아가 뭔가요?"

"부호들이 사는 곳을
여호촌(餘戶村)이라 부르고, 그들에게
노동력을 착취당하는
이들이 사는 곳을
원호촌(原戶村)이라고
하지요."

"여호인이 바로 부르주아예요.
그들은 개인의 존엄을 상품가치로
만들었고, 노비 문서를
만들어 인간을 착취했어요."
"그러니까 이 세상은
착취하는 자와 착취당하는
자로 나뉘어 있군요."
"행길 총각이 인간답게 살려면
안 사장의 착취에서 벗어나야 해요."
"그러고는 싶은데
워낙 오래 모시던 분이라
말을 꺼낼 수가 있을지…"
내가 도와줄게요.
내 몸이 괜찮아지면
함께 가요.
나를 도와준다니
나도 쑤라를 돕고 싶어요.
그럼 내 편지를
좀 전해줄래요?

하나는 남가우령에 계신,
아버지의 둘도 없는 친구
채광률에게 보내는
편지였다.
아버지는 그를 동청철도
건설 현장에서 알게 되었다.
나는 그에게 은신처를
마련해달라고 부탁했다.

그리고 다른 하나는
블라디보스토크에서
보모와 함께
드미트리를 돌보고 있는
내 동생 마리아에게
보내는 편지였다.

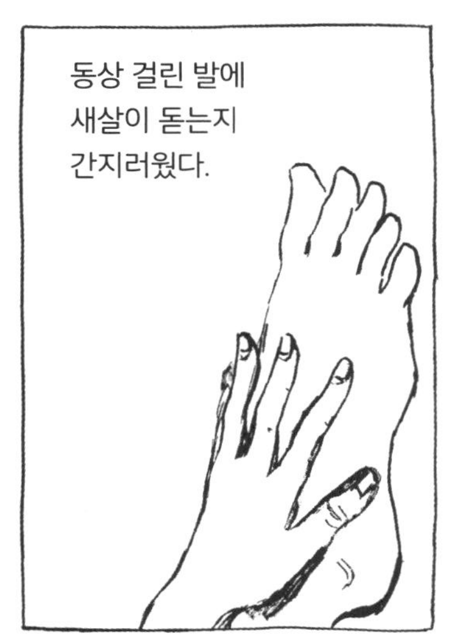
동상 걸린 발에
새살이 돋는지
간지러웠다.

겨울이 서서히 녹을 즈음
그가 돌아왔다.

행길은 아버지의 친구는
만나지 못했다. 하지만
마리아의 답장을 가지고 왔다.

얼마나 기다렸던 소식인가?

사랑하는 언니
쑤라에게,

언니, 무사하다니
얼마나 다행인지 몰라요.

드미트리는 걱정
말아요.

엄마를 찾긴 하지만 워낙
순해서 잘 자고 잘 놀아요.

여기는 정말 많은 일이 있었어요.
이반이 며칠만 피할 곳을
알아봐달라고 해서 집으로
피신을 시켰어요. 함께 온 노동자
두 명이 더 있었고요.

러일전쟁에 참가했던 러시아 병사들이 노동자
동맹파업에 동참하자, 차르의 신경은
어느 때보다 곤두서
있어요.

이반과 다른 두 동지는
빼라도 쓰고 통신문도
쓰면서 집에서 지냈어요.

저는 창문에 붙어 거리를 살폈지요.

한번은 차르 경찰에게
정말 걸리는 줄 알았어요.
경찰이에요. 어서 피하세요!
위험해요. 빨리요.
문 열어.
쾅
쾅
쾅
안 돼요. 입회자를 데려오기
전에는 문 못 열어요.

안 된다고 제가 시간을 끄는 동안에
이반과 다른 분들이 무사히
옆집으로 도망을
갔어요.
하지만 방에 삐라를 두고 가서 얼른 가슴에 숨기고, 산수 문제를
푸는 척했지요. 얼마나 무섭고 가슴이 뛰던지 지금 생각해도
아찔하답니다.
어디 수상한 거
없나 잘 살펴봐.

그 후에 와실리 신부님이 일단은
은신처를 마련해주었다고 해요.

하지만 그것도 오래는
불가능할 거예요.

이반과 동지들을 차르의
행정력이 미치지 못하는
남가우령으로 피신시키는 게
좋을 듯해요.

언니도 제발
몸조심하고요.

사랑하는 동생, 마리아가.

내 동생…

네가 이번에 정말 큰일을
해냈구나.

마리아의 말이 맞아요.

이제 저도 몸이
괜찮아졌으니

우선 먼저, 행길의
자유를 찾으러 가요.

이 밤만 지나면
나는 자유를 찾는다.

자유…

둥닝현 시장

한약방

엥?
니, 행길이
아니냐?

함께 온 처자는

누구냐?

저, 생은당을 나가겠습니다.

뭐? 니, 알거지가 돼야
정신을 차리겠니?

새끼가, 맞을라고
환장을 했구나야.

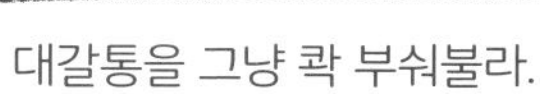

칠라믄 쳐보시든가.

그리고
말조심하시요.
뭐? 니 아가리
안 닥칠래?

대갈통을 그냥 콱 부숴불라.

행길 총각이 어렸을 때부터
한 지붕 아래 한솥밥을
먹으며 연을 맺었지만

그건 진정한 인간관계가
아니라 착취였던 거죠.
이…
이 간나가 뭐?

툭

결국 나는 임무를 완성하지 못하고 행길과
블라디보스토크로 돌아왔다.

마리아, 난 요즘 네 나이를 자주 생각해.
언제까지나 조카만 돌봐주며 혼자 살 순 없잖니.

아버지께서 유언하시기를, 우리 자매가
결혼을 하려거든 노동자와
해야 한다고 하셨어.

남의 노력을 착취하는 자는 미래에
착취당하는 사람의 발에 밟히게 되고

지금 천대받는 사람들이 나중에
세상의 주인이 될 거라고도 하셨지.

나는 아버지의 유언을
따르지 못했지만
넌 그러길 바라.

내가 겪어본 행길 총각은 심성이 바르고 정직하며
아버지가 말한 그런 사람이야.
네 생각은 어떠니?

실은 그러잖아도 행길 씨가 청혼을 했어요.
언니는 내겐 엄마 대신이에요.
언니가 허락해준 걸로 알게요.

잘됐다.

두 사람의 결합을
진심으로 축하해.

불안과 위협 속에서 일상의 행복함을
단 한순간이라도
누릴 수 있음에 감사한다.
전쟁 속에 피는 꽃은
사랑이리라.

사랑과 책임

4화

정세가 점점 험악해지고
있으니 걱정이오.

차르 헌병대는 조금이라도
행동이 수상한 자는

즉각 체포해 격리하고 있소.

반항하면 즉각 발포한다니
파업분자를 색출하라는
명령이 떨어진 게 분명해요.

노동자들은 임금 삭감
조치에 몹시 불만이오만

지금 당장은 집회가
불가능하오.

잠시 활동을 멈추는 게
나중을 위해 좋겠소.

노동자들 입에서 저절로
파업하자는 말이 나올
때까지 기다리기로 해요.

하지만 그때까지 숨어 있을 곳이
마땅치 않아요.
흠…

여럿이 한꺼번에
몰려다니면
눈에 띄기 쉬워요.

일단은 흩어져 있다가 다음 일을
도모하는 게 낫겠소. 어쩌면 오히려
시내 한복판에 있는 은신처가 덜
위험할지도 모르지.

등잔 밑이 어둡다고 했으니
그 말도 일리는 있네요.

쑤라 동지도 블랙리스트에
올라 있을 거요. 새 은신처를
찾아야 해요.
다시 모일 때까지
동지들 모두 무사하시길…

어디로 갈 것인가?

막막하구나…

어디에 이 한 몸
의탁할 수 있을까?

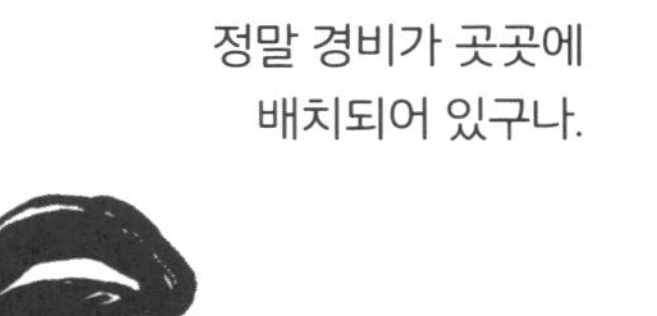
정말 경비가 곳곳에
배치되어 있구나.

쑤라?!

와실리 신부님.

은신처를 찾다가
저도 모르게
여기까지 왔네요.
잘 왔소.

매번 절실할 때마다
신부님께 도움을 청하러
와서 죄송스러워요.

쑤라가 중국령으로 가 피신하고
있다는 소식을 듣고 얼마나
죄책감에 시달렸는지 모르오.

피죽도 끓여먹기 힘든
노동자의 임금을 삭감하는
차르의 광란이 날로
포악해지고 있소.

그런데 나는 평화로이 밥을
먹고 일상을 살아가고 있소.

나는 세상을 구원하기 위해
무엇을 할 수 있나?
무엇을 해야 하나? 괴로웠소.

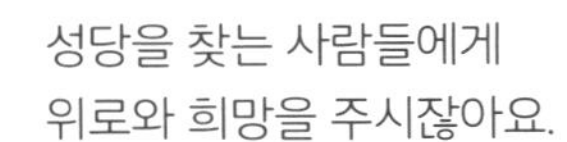

성당을 찾는 사람들에게
위로와 희망을 주시잖아요.

인간의 영혼을 구하는 일은
세상을 구원하는 것과
같은 것이죠.

난 요즘 종교적 신비주의에
깊은 회의를 느끼오.

어찌 됐든 차르 군대가 쑤라를
잡으려고 혈안이 되어 있으니
우리 집에 당분간 피신해 있어요.

만일 차르 헌병이 와서
누구냐고 물으면
부부라고 하겠소.

그러니 쑤라도
내 부인인 양 행동해요.
그게 안전하오.
잠은
손님방에서
편안히 자요.

피곤할 텐데 쉬어요.

사람의 일이란
내 의지대로만
되는 것은
아니다.

그러지 않으려 해도
와실리 신부님께는
늘 신세만 지니…

짹
짹
짹
짹

똑
똑

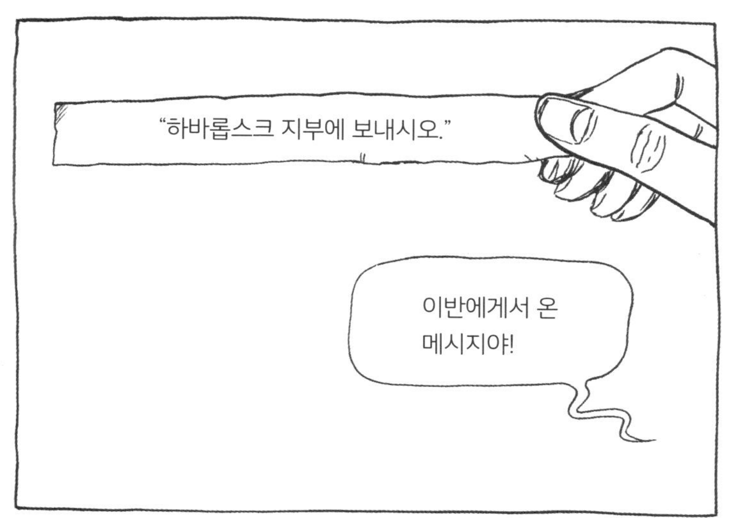
"하바롭스크 지부에 보내시오."
이반에게서 온 메시지야!

삐라다.

안녕하세요.
하바롭스크에
보내려고요.

상자 안에는 뭐요?

책이에요. 친척 동생이
학교에 입학했거든요.

정확한 요금을 알려면
상자 무게를 저울에 달아야
해요.

저울을 가져올 테니
잠깐만 기다리시오.

뭔가 이상해…

앗, 저건? 사복 경찰이다.

쑤라, 여기요.
이반!
거기 서.

탕

윽
이런! 쑤라, 괜찮소?
괜찮아요.
스쳤을 뿐인걸요.
그보다 저들이
바짝 쫓아와요.

일단은 저들을 따돌렸으니 다행이오만.

아무래도 모든 게 들통난 모양이오.

밀정의 염탐이 노조를 들쑤셔놓은 게 분명하오. 철저히 비밀에 부쳤던 집회 장소까지 급습을 당했소.

쏴라의 안전이 걱정되어 우체국으로 갔던 거고.

나는 동지들에게 다른 장소로 피신하라고 알려야겠소.
저는 걱정 마시고 어서 가세요. 우물쭈물하다간 모두가 잡힐 거예요.

모두가 제발 무사해야 할 텐데…

와실리 신부님…
쑤라, 다친 거요? 얼마나?
총알이 팔을
조금 스쳤을 뿐이…
쑤라!

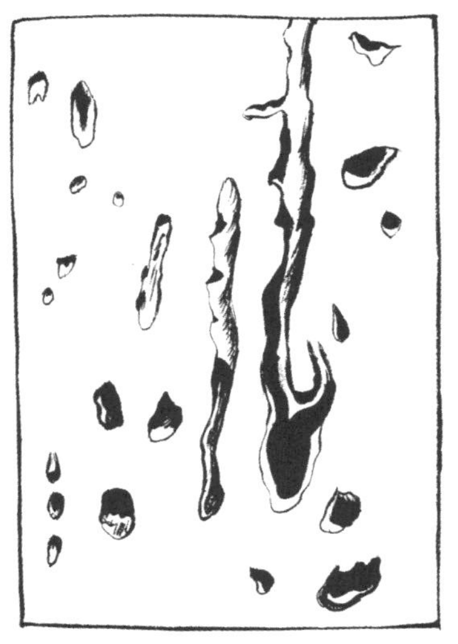
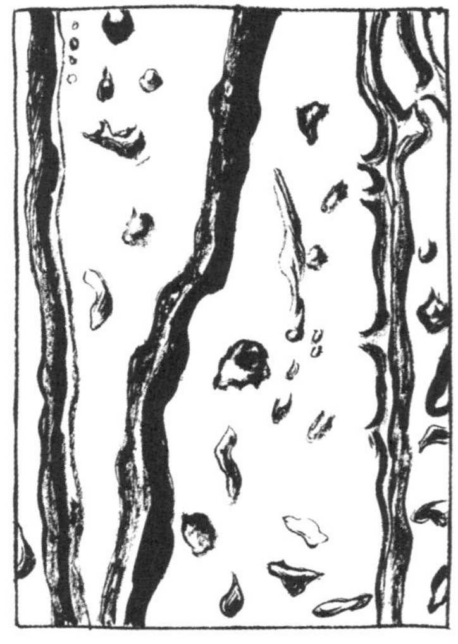

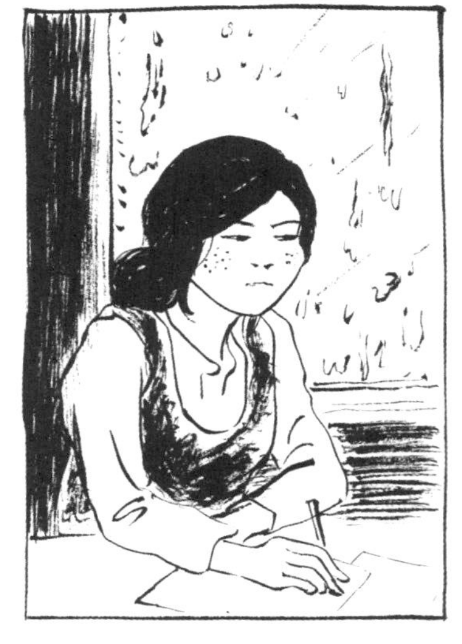

아! 우리 아가, 발차기한 거야?
탁
웬 비가 이렇게 퍼붓는지.
쑤라.
쑤라.
저 여기 있어요.
이런, 흠뻑 젖어버렸네요.
감기 들기 전에 어서
옷부터 갈아입어요.
저는 따뜻한 차를
준비할게요.

아무래도 더는
미적거릴 수가 없소.
결단을 내려야겠소.

무얼 말인가요?

우리의 관계가 이렇게
발전하리라는 건 예상도
못했소.

신부복을 벗겠소.

당신과 아이를 선택하겠소.

와실리.

내 눈을 봐요. 진정으로
신부복을 벗길 원하나요?

당신이 나와 아이를 위해
희생하는 것을 내가
원한다고 생각해요?

희생으로 선택된 행복은
오래가지 않아요.

사랑으로 선택한 결합이어도
불행한 끝은 있지만요.

의무감으로 선택한 삶이라면…
그건 불행을 자초하는 거예요.
당신에게도, 나와 아이에게도.

난 서류상 영원히 마르크의
아내예요. 부당해도 어쩔
도리가 없네요. 이 시대
이 땅의 법이 그의 편이니.

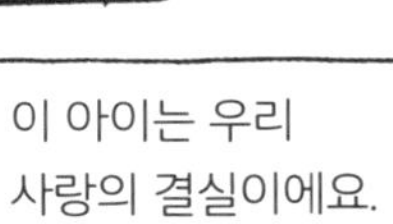

그렇다고 내 인생을
포기하거나 좌절하지
않아요.
나는 이 아이를 낳을 거예요.
당신은 내게 사랑을
되찾아줬어요.

이 아이는 우리
사랑의 결실이에요.
당신의 호적에 올릴 수 없어도
내가 책임지고 키울 거예요.
쑤라…

난 당신과 아이를 위해
뭐든 할 거요.

나는 당신에게도 아이에게도 죄를 짓는 느낌이오.
미안하오… 내 사랑…

와실리, 나를 진심으로 사랑한다면 다시는 내게 미안하다고 하지 말아요.

사랑하는 이에게는 미안하다가 아니라, 사랑한다고 말하는 거예요.

쑤라, 아름다운 사람.

신부가 되었던 날보다 당신과 함께하는

지금이 더욱 행복하오.

사랑하오.
사랑해요.

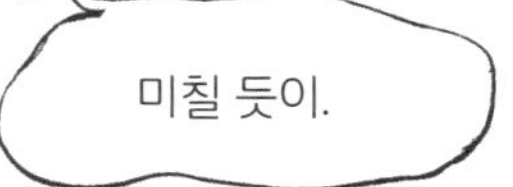
미칠 듯이.

저도요.

내일을 약속할 수 없는
오늘을 사는 우리.

사랑하는 지금, 나는 살아
있음을 느낀다.

사랑은
혁명이다.

아악
조금만 더 힘을 줘요. 조금만 더.
후우 후우
아악
응애
응애
헉 헉 응애 응애
안녕,
우리 아가.
엄마야.

'보리스' 어떻소?
보리스라는 이름에 특별한 뜻이 있나요?
'전투'와 '영광'이라는 뜻이 있소.
'전투'와 '영광'이라…
보리스.
보리스…

3년 後 블라디보스토크

노동자들을 가득 실은
열차가
눈보라 속에서
실종되었다.
가족들은 블라디보스토크
한민회* 사무실을
찾아와 발을 동동 구르며
생사라도 알게 해달라고
아우성쳤다.
낭떠러지에 추락해
산산조각이 난 열차의
잔해 속에 누워 있는 시신들은
피투성이가 된 채 얼어붙어
있었다.

* **신한촌민회**(新韓村民會, 1912년 6월~1920년 4월) : 러시아 극동 지역 거주 한인들의 치안과 풍습 유지, 동포의 권익 신장 등의 목적을 위해 결성된 단체.

한민회 사무실은 초상집으로 변했다.
가족들은 핏발 선 눈으로 나를 쳐다보며 소리를 질렀다.
"내 아들 살려내."
"내 남편 살려내."
"이게 다 쑤라 네 탓이야."
"엄마, 무서워요."
나는 매일 밤 악몽에 시달렸다.

우랄로 떠나겠다니,
제정신이오?

보리스를 낳아 키우는 동안만이라도
조합 일에서 손을 떼고 한적한
사무를 보라며 한민회에 자리를 알아봐준
당신께는 고맙고 미안해요.

지금 전쟁 중이오.
건장한 사내도 불구가 되거나 파리
목숨보다 못한 상황인데, 안 되오.

나만 살겠다고 더 이상 한민회 사무실에서
톱밥난로를 피우고 가만히 앉아
지낼 수는 없어요.
왜 이 평화로운 보금자리를 파괴하려고
하는 거요? 보리스와 드미트리는 어쩌고?

평화롭다고요?
진정 그렇게 생각해요?
겉으론 그렇게 보이겠지요.
이제 우린 더 이상 서로를
사랑하지 않아요. 단지 서로
내색만 안 할 뿐이지요.

그래서 그 위험한 곳으로
떠나겠다는 말이오?
야옹
아니요. 톱밥난로가 후끈하게
달아오른 사무실에 앉아 있는
매일매일이 불편해요.

죄책감으로 매일 밤
악몽에 시달려요.

우랄로 떠난 노동자들은
계약 기간이 몇 달씩
지났지만 돌아오지 않아요.
한민회에서 노동자들의
형편을 알아보기 위해
우랄로 파견한 사람마저
깜깜무소식이에요.

그런데도 하루가 멀다 하고
조·중 노동자들은 그곳으로 떠나고
있어요.

내가 가야 해요. 그러지 않고선 나는 평생
그들을 외면한 죄책감에 시달릴 거예요.

보리스는 걱정 마세요.

로자 할머니와 마리아가 내가
우랄에 가 있는 동안 잘 돌볼 거예요.

당신이 보리스를 키울 수는 없을 테니까요.
내 상황을 알고도 아이를 낳겠다고 한 건 쑤라,
당신이었소.
맞아요. 하지만
아이들 양육 때문에
노동자들을 외면할 수는
없어요.

내가 가서 그들의
입이 되어줘야 해요.

로자와 마리아에게
두 아이를 맡기고 돌아오는
길에 싸락눈이 내리기
시작했다.

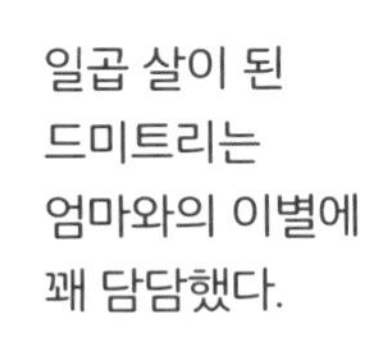
일곱 살이 된
드미트리는
엄마와의 이별에
꽤 담담했다.

어린 보리스는 나와
떨어지는 걸 유달리
싫어해서 한민회에
출근할 때마다
쉽지 않았다.

걱정 마, 언니.
엄마.

언제나 내 편이었던 로자와 마리아…
건강하게 잘 다녀와요, 쑤라.

세상에 단 한 사람이라도
변하지 않는 내 편이 있다는
것이 가슴 아프도록
고맙다.

아이들을 데려다주고 온 날 밤,
잠이 오지 않았다.

내일이면 이곳을 떠난다.

어쩌면 이 길로
내 사랑하는 아이들을
영원히 못 볼 수도 있고

어쩌면 나는 그곳에서
처참하게 죽을지도 모른다.

하지만 따스한 밥을 먹으며
나를 위해 일상을
살 수는 없다.

와실리와도 대화 없이
지낸 지 1년이 넘었다.

영혼 없는
껍데기 생활일 뿐이었다.

보리스, 우리 아가.
너무 빨리 자라지 마.

우리 보리스, 우리 드미트리.
어른은 천천히 돼도 괜찮아.
세상이 좀 더 살기
좋은 때를 기다려
성장해야 해.

너희가 살 세상은
지금 엄마가 사는 세상보다
좋은 세상이길.
우랄로 떠나는 것만이
너희의 미래를 구하는 길이다.
엄마이기 때문에
이 길을 포기할 수가 없다.

블라디보스토크 역

우랄행 기차 매진이요.

뭐래?

우랄행 기차표
매진이래요.

안 돼.
안 된다고.

입석이라도 줘요.

노조에 발 끊는가 싶더니
더 큰 일을 위해 떠나는군요.

쑤라는 어딜 가도
백 사람 몫은 거뜬히
해낼 겁니다. 그곳이
설사 총알이 날아다니는
전선일지라도.

수천 명의 노동자들이
한꺼번에 떠나니
블라디보스토크가
텅 비겠는걸요.

내가 쑤라의 혁명 동지라는 게 자랑스럽소.
더구나 쑤라 덕분에 와실리까지 우리와
합류했으니 든든하오.

신한촌 성당이
혁명의 전당이
되다니, 저도
짐작하지 못한
일이에요.

시작이 있으면 끝이 있는 법.

전쟁은 반드시 끝날 날이
올 거예요.

레닌 동지는 말했지요.
이 불길을 다른 곳으로
돌리라고.
무슨 뜻이죠?

전쟁*으로 수많은 사람이 목숨을 잃고 있는데 어떤 이들은 전쟁 물자를 팔아 어마어마한 이윤을 남기고 있어요.
세계대전을 하루빨리 끝내야 합니다.

전선이든 후방이든 전쟁의 불길을 다른 데로 돌려야 해요.
끝내기 위해서예요.

제가 떠나는 이유는 바로 이 전쟁을…
흠…
쑤라.

* 제1차 세계대전(1914. 7. 28~1918. 11. 11).

안녕 와실리, 당신과 아름답고
행복했던 추억만 가지고 가요.

쑤라, 제발
무탈하게 돌아와요.

작별은 짧을수록 좋다.
하지만 다시 만날 수 있을까?
동지들이여 안녕.
나의 사랑 보리스, 드미트리 안녕.
안녕, 블라디보스토크…

인간 생지옥, 우랄

Да здравст рабочие

* 노동자 만세.

5화

페름 1914년

페름은 우랄산맥 서부 카마강 유역의 공업도시다.

우랄의 풍부한 자원을 기반으로 목재와 철강업이 발달했지만, 얼마 전만 해도 페름으로 간다 하면 유형에 처해진다는 말이나 마찬가지였다.

그날 페름에 도착한 것은 동쪽에서 온 기차만이 아니었다. 거의 동시에 서쪽에서 달려온 열차가 하얀 김을 뿜으며 플랫폼에 정차했다.

출구엔 우랄의 각급 공장에서 나온 관리인들이 새로 전입하는 노동자들을 인솔하기 위해 서성거렸다.

역 대합실은 순식간에 노동자들로
들어찼다. 허름한 군복을 입은
병사들도 눈에 띄었다.

피켓에 공장 이름이
적혀 있으니

서부전선에서 붙잡힌
포로병들이었다.

본인이 속한 공장 피켓 앞으로
가서 줄을 서시오.

오스트리아, 영국, 독일의
포로병들, 그들의 운명이나
노동자의 운명이
다르지 않았다.

자, 자, 피켓을 따라
트럭에 오르시오.

수백 대의 트럭이 조·중 노동자들을 태우고 출발했다.
인력 시장의 마지막 막장이 우랄이라고 했다.

공장 지대로 가는 한 시간가량
지금까지 살아온 시간이
전쟁처럼 느껴졌다.
마르크와의 결혼은 패배였고,
와실리와의 사랑은 영원하지
않을 걸 알면서도 믿고 싶었다.
드미트리와 보리스는
내 패배한 사랑의 상처 속에
피어난 꽃이었다.
이제 나는 안다. 무엇인가를
이룬다면 수많은 패배
덕분이라는 사실을.

이곳은 페름
나제진스키 목재소요.

차례로 줄을 서서 배정된
바라크(막사) 방으로 가시오.

김 알렉산드라
스탄케비치.

통역이라고 했소?

여자인 줄 알았다면
처음부터 거절했을 텐데.

뭐, 할 수 없지. 이제 와서
돌려보낼 수도 없고.

곧 스스로 돌아가겠다고
애원할 때가 올 거요.

나는 공장 식당에서 일하는
여성들이 기거하는 바라크의
빈방에 배정되었다.

방은 페인트가 벗겨진 벽,
합판으로 만든 책상 하나,
스프링이 튀어나온 낡은
침대가 전부였다.

공동화장실은 곰팡이투성이에
벽에는 샤워 꼭지가 달렸으나
물은 나오지 않았다.
나는 짐을 푼 뒤 물통에 찬물을
받아 간신히 샤워를 했다.

다음 날
기상!
댕

아침 식사! 공장 직원은 오른쪽, 노동자들은 왼쪽에 일렬로 서시오.

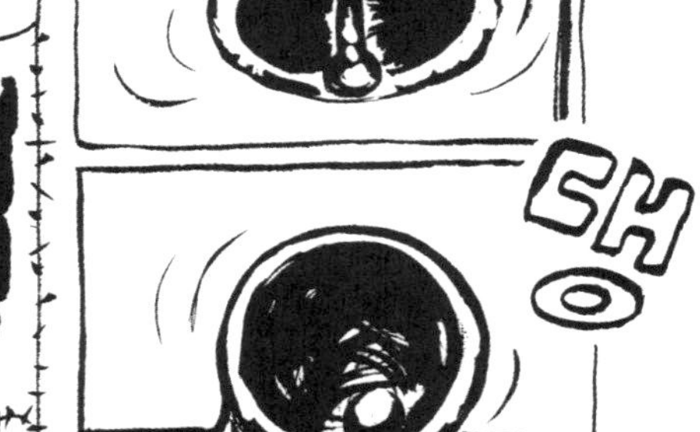
댕
댕

간단한 면접도, 신체검사도 없구먼.

건물 주위에 철조망 봤나? 살벌하네.
도망 못 가게 쳐놓은 거지? 우리가 뭐 죄인인가, 왜 죄인 취급이야?

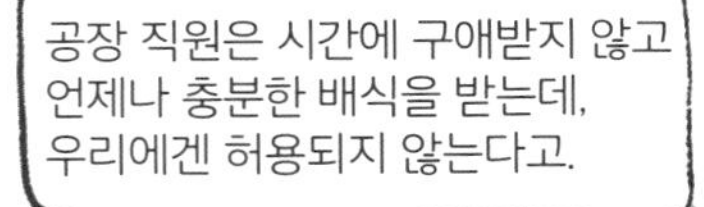
공장 직원은 시간에 구애받지 않고 언제나 충분한 배식을 받는데, 우리에겐 허용되지 않는다고.

나는 공장 직원 줄에 설 수 있었지만 거절하고 노동자들의 줄에 섰다.

바라크는 인종 전시장이었다. 러시아인, 한인, 중국인, 오스트리아 포로병, 영국 포로병…

국적은 달랐지만 극빈 하층민이라는 점에서 서로 닮아 있었다.

아침 식사 후 조·중 노동자들에게 내 소개를 했다.
안녕하세요? 저는 이번에 통역으로 온 김…
헉. 손가락이 세 개뿐이다. 당황하는 모습을 내색하면 안 된다.
열 명에 하나 꼴로 어느 부분이건 상하지 않은 사람이 없었다. 손가락이 없는 이는 흔했다. 팔이 하나뿐인 사람, 다리를 저는 사람, 허벅지 살점이 떨어져나가 목발을 짚고 있는 사람, 한 젊은 중국인은 머리 한쪽이 함몰된 채 손을 떨고 있었다. 벌목장에서 육중한 나무 둥치에 맞아 두개골이 깨졌어도 살아남아 다시 나무 자르는 일을 하고 있었다.

자신의 신체 일부를 벌목장에 떼어주고도 살아남은 사람들이었다. 톱날에 손가락이나 손목, 팔이 잘려나간 사람들은 다른 손으로 갈고리를 잡고 나무를 찍은 뒤, 반 토막 손목에 의지해 통나무를 날랐다. 나는 내게 배당된 조·중 노동자들의 수를 아침저녁으로 세었다. 수를 헤아리는 일은 곧 그들의 생존을 확인하는 의식이었다.

지도상에서 페름은 거대한 러시아 내륙에 위치한 작은 점에 불과했지만, 차르 러시아 최대의 철강 생산지이자 목재를 공급하는 전쟁 배후 도시였다.

페름

풍부한 양의 철광으로 우랄 제철소는 무기와 장갑차를 만드는 강철 생산에 결정적 역할을 담당했다.

노동자들이여, 자부심을 가져라. 그대들은 전쟁에 필요한 철강을 생산하는 것이다.

저들은 인간 강철이 되기를 종용하고 있다.

노동자들은 제철소나 목재소의 공동식당에서 보드카를 반주 삼아 점심을 먹었다. 취기가 없으면 온몸이 쑤셔 일을 할 수가 없었다.

VODKA

제철소가 있는 카마강 좌안의 대기오염 상태는 심각했다. 노동자들은 공장 매연에 속수무책으로 노출되었다. 노동자 거주 지역이었던 카마강 우안도 대기 중에 띠구름이 끼어 있었다.

러시아에서 '아시아적'이라 하면 '후진적'이라는 것과 동일시되었다.

노동자라고 다 같은 줄 아나?

우린 너희와 다르다고.

1248년 러시아의 모체인 키예프 루시를 함락한 뒤 240년 동안이나 러시아를 통치했던 타타르족은 아시아적 전제주의 문화를 이식했다.

러시아인들은 자신들에게 아시아적인 면이 있다는 것을 수치스럽게 생각했고, 우랄 지역은 러시아인들이 아시아 콤플렉스를 극복하는 하나의 본보기로 육성되고 있었다.

러시아의 후진성을 극복하는 방편으로 공장 관리들은 조·중 노동자들을 닦달했다.

우랄에서 강철과 목재가 생산되는 한 우리는 당당한 유럽이다.

우랄은 러시아인이 주류를 이루고 있지만 타타르인, 우크라이나인,
바시키르인, 중국인 그리고 한인들도 엄연히 우랄의 주민이자
러시아의 국민이었다. 그럼에도 조·중 노동자들은
통행은 고사하고 편지 왕래도 금지되었다.
페름에서 타 지역으로 연결되는 길에는 공장 당국이 고용한
민간 경찰이 초소를 세우고 검문을 했다.
공장장이 발급한 통행증을 소지하지 않은 사람은
무조건 수감되었다.

우랄은 하층민이
그려내는
지옥도였다.

사랑하는 동생
마리아,

잘 지내고 있지?

어느새 봄이 가고 여름이구나.
드미트리가 또 감기에
걸렸다니 걱정은 된다만
네가…
매일 나무 100그루씩…

…베는 조건으로
한 달에 22루블을 받기로
계약했지요.

막상 일을 해보니 아무리
애를 써도 작업량을 달성할
수가 없어요.
흠뻑 젖은 이파리, 질퍽거리는 길,
특히 산마루로 오르는 길은 너무
가팔라 나무를 벨 수가 없고요.
이끼가 잔뜩 끼어 걷기조차 어렵고, 장대비라도 오면
톱날이 미끄러져 사고도 많이 나요.

하루에 열여섯 시간 노동을
해도 목표량 달성은
불가능해요.
동맹파업이라도 해야겠다고
떠들어댔지만 파업을 하면 식료
공급을 중단할 테지요.
결국 굶어죽지 않으려면
공장 당국에 무조건
복종할 수밖에 없어요.
이게 과연 사람
사는 곳이요?

다 해진 동복에 단추도
다 떨어져나가고, 남루한
거렁뱅이가 따로 없소.
합숙소라고 해봤자
송판으로 얼기설기 지은
임시 막사요, 널빤지만
깔아놓고 난로 하나 달랑
피워놓은 게 고작이니.
합숙소 한 동에 100여 명이
기거하는데 너무 비좁아
잠을 잘 수가 없어요.
견디다 못해 탈출한 사람은
금세 붙들려 영창살이요.
우리가 왜 죄수 취급을
받아야 하냔 말이오?
나는 운전수로 배치되었소.
식당이 하도 더러워서,
밥을 먹는데 넘어가야지.
춥기는 또 얼마나 추운지
식도가 얼어붙는 것 같아.
의무실도 통나무 틈새로
바람이 드니 여름인데도
추워요. 환자들이 감기에
걸려 병을 키우지 싶소.

비누가 공급되지 않으니
이불은커녕 옷도 제대로
빨아 입지 못했수다.

목욕탕이라고 지어만 놓으면
뭐해요? 난방이 안 되니 목욕을
할 수도 없어요.

우랄에 온 지 2년이 다
되어가는데 제대로 씻어본
적이 없수다. 이랑 벼룩
때문에 가려워 환장하겠어요.

간부들 방 봤소? 온수도
나오고 이불도 두껍고
난방 보일러까지 잘 돕디다.

운전수들은 또 어떻고요.
합숙소보다 차라리 차에서
새우잠을 잡니다.

엔진에 열이 남아 있는
초저녁에 눈을 붙였다가
새벽이면 오돌오돌 떨면서 깨요.
쌀은 썩었는지 밥 색깔도 검고,
반찬이라곤 양배추 국물에
무 하나가 전부니, 참 내.

러시아인은 한인들을
짐승만도 못하게 보오.
인권이란 것은 눈 씻고
찾아봐도 없어요.

혼자는 안 돼요. 연대해서
함께 우리의 인권을 되찾아야
해요.

인권과 연대 투쟁을
이야기하는 저 사람은
누구지?
성함이
어찌 되십니까?

나는 이인섭이오.
언제 우랄로 오셨나요?
1915년 11월에 왔어요.

한때는 중국 북만주
뤄쯔거우의 사관생도였지요.
러시아 국경에서
7킬로미터쯤 떨어진 뤄쯔거우
사관학교 말인가요?

그걸 어찌 아시오?
그러면 이동휘라는 이름도 들어봤소?
그 선생이 1914년에 설립한
무관학교라오.

알아요.
한민회에서
일하면서 알게
되었어요.

생도 70명에 교사는
여섯 명이었는데,
설립 1년 만에 중국 정부의
탄압으로 문을 닫고
말았어요. 중국 정부가
일제의 눈치를 본 거지요.

1914년 세계대전이 발발하자
만주 일대에서도 한인에 대한 일제의
횡포가 날로 악랄해졌어요.

명도, 광성 등 조선학교가
노골적인 탄압을 받다가
결국 폐지됐소.

이때 이동휘
선생이 뤄쯔거우에
사관학교를 설립한
거고, 학생들이 대거
입교했지요.

특히 철혈광복단
단원들이 주축이 됐소.

조선 독립을 위해 최후까지
헌신할 것을 맹세했지.

나도 철혈광복단 출신이오.

우랄까지는 어떻게
오시게 된 거죠?

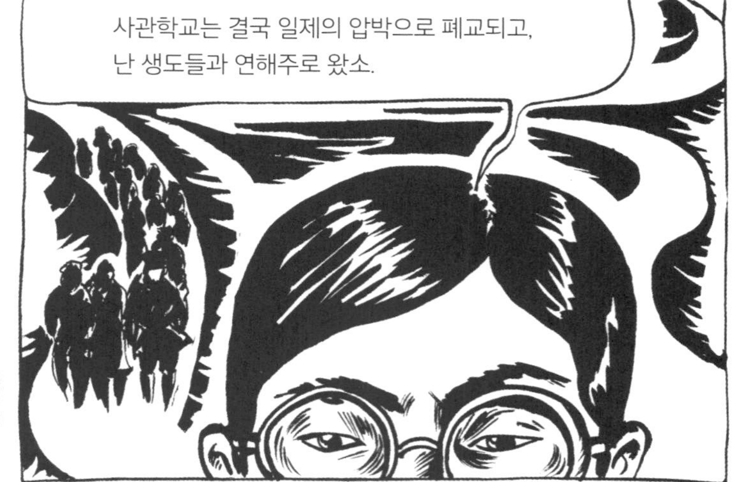
사관학교는 결국 일제의 압박으로 폐교되고,
난 생도들과 연해주로 왔소.

이후 세계대전에 휘말리게 된 거요.
전쟁이 터지자 블라디보스토크에서 김병학 등 몇몇 청부업자들이 인력 송출 회사를 설립하고, 각 전선과 공장에서 요구하는 노동자들을 모집해서 우크라이나와 백러시아 전선으로 파송했지요.
우리 사관생들도 우랄로 가서 무기 구입 자금을 모으겠다는 일념으로 인력회사와 계약하고 온 거요.
헌데 막상 와보니 노동 시간이 열여섯 시간이고, 1년을 계약했는데 그 1년이 지나니 또 1년 더 일해야 풀어주겠다고 합디다.
결국 2년째 발이 묶여 있소.
나는 그렇다 치고, 처자는 어째 여기에 있소?
나는 블라디보스토크 한민회에서 파견한 통역입니다.
처음엔 나제진스키 벌목장에서 공장장이 하달하는 조·중 노동자들의 업무 내용을 통역했으나, 차차 노동자들의 처우 문제를 제기하자 해고하더군요.
지금은 페름 노동사무소에서 러시아인들과 함께 일을 하고 있지요.

블라디보스토크 한민회는 우랄로 떠난 노동자들이 하도 소식이 없자 김진 동지를 우랄로 파견했지요.
그는 페름에 도착해 나제진스키로 들어간다는 전보를 띄운 후 소식이 끊겼어요.
알아보니 나제진스키로 들어가는 도중 수상한 자로 체포되어 페름 감옥에 수감되었던 거예요. 이후 시베리아 각처의 감옥을 전전하다가 블라디보스토크 감옥까지 와서야 석방이 된 거고요.
그가 민회에 보고하기를, 나제진스키는 인간 생지옥으로 노동만 착취하는 것이 아니라
차르 러시아 민족주의자들로부터 오랑캐 자식이라고 차별까지 받고 있다고 하더라고요. 그래서 제가 우랄로 파견된 거예요.
공장장에게 항의는 해보셨어요?
말이 통해야 항의도 해보지요.
제가 공장장을 만나보겠어요.
무슨 수로 공장장을 설득하겠소?

혁명

2월 혁명* 전야의 파도는 우랄까지 당도했다.
난 이 문제를 러시아 볼셰비키와 연대하여 풀어야겠다고 생각했다.

난 곧바로 러시아 사회민주당 예카테린부르크 지부에
편지를 보내 우랄 목재소의 지옥 같은 상황을 고발했다.
생도들과 한인 노동자들은 하루가 다르게 전폭적으로 날 지지했고,
점점 나를 찾는 이들이 많아졌다.
그들의 억울함을 자세히 들어주는 일이야말로
수없이 꼬인 문제들을 풀어내는 기초가 되었다.

* **2월 혁명** : 제1차 세계대전 중인 1917년 3월 8일(구력 2월 23일)에 제정러시아에서 일어난 혁명.

84
85
86
90
아흑
빨리빨리!
서둘러, 이 영감탱이야.
헉
헉
끄응
아이코
이 미친 노인네가 날 죽이려고 하네.
아악

저러다 감독이
장가를 죽이겠어.
작업감독님, 그만하세요, 그만.

멈춰요!

아!

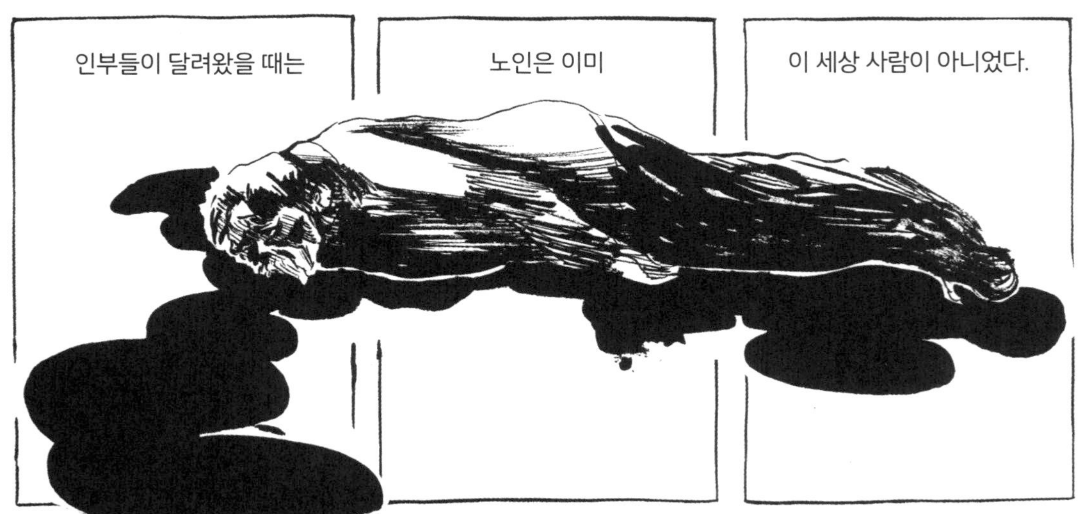
인부들이 달려왔을 때는
노인은 이미
이 세상 사람이 아니었다.

너, 이 감독놈의 새끼.

살인자.

네놈이 장가를
죽였다.

거기서 단 한 발자국만
움직여도 즉시 발포한다.

감독은 벌목장 경비대의
호위를 받으며 현장을
빠져나갔다.

지금 여기 차가운 이국 땅에 누워 있는 사람은

바로 며칠 전만 해도 함께 밥을 먹고 잠을 자고

등을 토닥이며 격려를 해주었던 우리의 동료이자 가족이었습니다.

그는 이틀 전까지만 해도 집에 돌아갈 꿈을 꾸며 노동 현장으로 향했습니다.

머나먼 동쪽에서 온 망자는 우리와 똑같은 운명의 소유자입니다.

오늘은 중국인 장가였지만, 내일은 여러분이 장가의 자리에 누워 있을지 모릅니다.

그를 대신해 우리는 보란 듯이 고향으로 돌아가야 합니다.

망자의 억울한 죽음을 기억하세요.

이 지긋지긋한 노동 현장을 떠나고 싶어요.
케렌스키* 정부와 공장 당국은 전쟁을 치르느라 돈이 없다고 임금을 주지 않소.

대체 누굴 위한 전쟁입니까?
케렌스키 정부는 당장 전쟁을 중단하고 밀린 임금을 지급, 고향으로 돌아갈 특별 열차를 편성해야 해요.

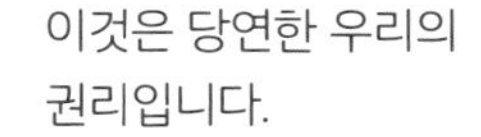

이것은 당연한 우리의 권리입니다.
장가는 우리가 한데 뭉치기를 원하고 있을 겁니다.
그의 죽음이 헛되지 않아야 합니다.

노동자들 스스로 깨어나기 시작했다.
잊지 마세요. 오늘의 '분노'를.

당신이, 내가, 우리가 모두 '장가'입니다.

* **알렉산드르 표도로비치 케렌스키**(1881~1970) : 1917년 2월 혁명 후 사회혁명당(SR: Social Revolutionary) 당수로서 임시정부의 수상 겸 총사령관에 취임해 반혁명 세력의 중심이 되었다. 10월 혁명으로 실각하여 1918년 미국으로 망명했다.

우리가 모두 '장가'다.

우리가 모두 '장가'다.

우리가 모두

모두 '장가'다.

'장가'다.

우리가 모두 '장가'다.
우리가 모두
'장가'다.
우리가 모두 '장가'다.
모두 '장가'다.
'장가'
다.
우
우리가 모두
우
우리가 모두 '장가'다.
우리가 모두
우리가
'장가'다.

1916년 가을, 망자가 도달한 세월의 끝. 멀리 우랄산맥이 병풍처럼 펼쳐진 가운데 동지들의 함성이 울려 퍼졌다.

우리가 모두 '장가'다.

파업으로 일치단결합시다.
우리는 공장 측에 요구해야 합니다.
더 이상 죽이지 마라.
Нет На
우리는 노예가 아니다.
우리는 기계가 아니다. 사람이다.
Рант запрет
폭언, 폭력을 멈춰라.
노동력 착취, 인종 차별 반대. 임금 삭감 금지.
여러분, 이제 공장장을 불러냅시다.
Нет На Рант З
저기 좀 보세요.

* 깃발 : 폭언 금지. 더 이상 죽이지 마라. 우리는 기계가 아니다. 노예가 아니다. 사람이다. 폭언·폭력 금지.

오스트리아 포로병들이 우리 대열에 합류했소. 붉은 기를 든 러시아 노동자들이 대열의 첫머리예요.

감격의 순간이군요.

이제 우리는 혼자가 아닙니다.
러시아·중국 노동자, 일제의 강점에서 독립하고자 투쟁하는 한인,
오스트리아 포로병, 그 모두가 우리의 동무입니다. 노동과 계급의 형제, 언제 어디서나 서로를 도울 동지입니다.
얼굴도 다르고 피부색과 국적도 다르지만 일하는 자로서 하나입니다. 만세!

* 깃발 : 임금 착취 금지. 노동자들의 인권 보호. 폭력 금지.

볼셰비키

6화

1916년 예카테린부르크

나는 우랄에서 목숨을 잃을 뻔했다. 우랄 공장 당국이 보낸 밀정들이 날 살해하려고 했지만, 러시아 사회민주당 예카테린부르크 지부에서 나온 볼셰비키가 그 사실을 내게 빠르고 은밀하게 알려주었다.

난 위험한 순간을 모면하기
위해 부상당한 노동자로
위장했다.

다행히 옆 동 노동자들이
도와주어 무사히 빠져나올
수 있었다.

난 지금 사회민주당
예카테린부르크 지부의
위원장을 만나러 왔다.
똑똑

김알렉산드라입니다.

정각에 도착하셨군요.
위원장님이
기다리고
계십니다.

검은색
가죽 코트를 입은
위원장.

볼셰비키들은 평소에 입고
다니는 가죽옷 때문에

사람들한테
'가죽족'이라고 불렸다.

러시아 사회민주당원들은
행사 때마다 어김없이
머리에서
발끝까지
가죽으로
무장했다.

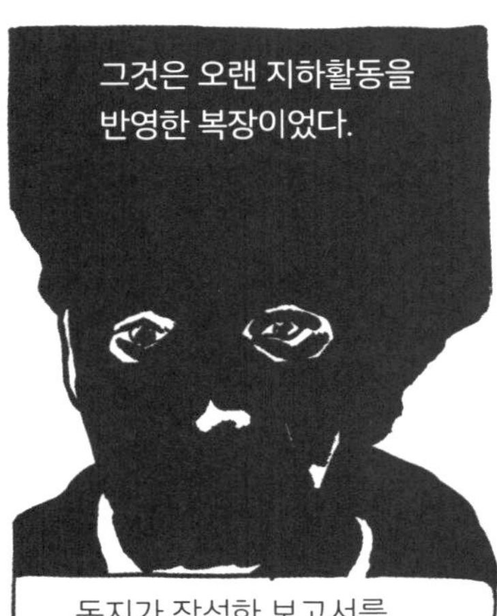
그것은 오랜 지하활동을
반영한 복장이었다.

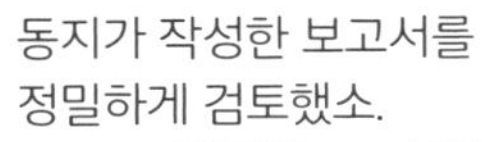
동지가 작성한 보고서를
정밀하게 검토했소.

나는 동지와 이야기를 나눈 후
보고서를 작성할 것이오.

상급위원회에 보고서가
제출되면

동지를 당원으로
받아들일지, 위원들이
가부를 결정할 것이오.

앉으시오.

서류를 보니 나와 같은
나이더군요.

동지가 러시아의
사회민주당에 가입하려는
이유가 뭡니까?

저는 어렸을 때부터 노동자
사회에서 성장했어요.

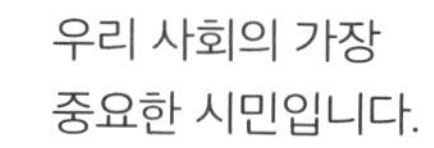

그들은 이전 시대의
노예처럼 취급됐지만
우리 사회의 가장
중요한 시민입니다.
문제는 러시아뿐만 아니라
전 세계의 프롤레타리아들이
분노하고 있습니다.

인간의 가장 기본적인 권리가
보장되지 않기 때문이지요.

저는 어떤 주의나 사상을
믿기보다는 노동자의 인권이
보호되도록 하기 위해
싸웁니다.

제가 우랄을 선택한 이유입니다.

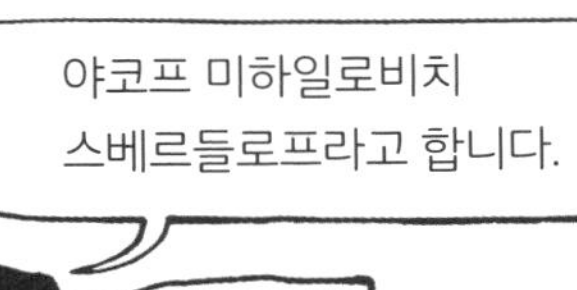
야코프 미하일로비치
스베르들로프라고 합니다.

레닌의 오른팔이다!

동지는 막중한
임무를 맡게
될 거요.

감옥을 제집처럼 드나들게
될 거고 언제 죽을지도
모르오.

지금이라도 늦지 않았소.
그냥 돌아가도 좋소.

지난번 절 죽음으로부터
구해준 은혜는 감사드려요.

그 외에도 저는 이미 죽을
고비를 여러 번 넘겼어요.

죽을 각오 없이

이 일을 시작하진 않았어요.

당원이 된 것을 축하하오.
저를 당원으로
받아주신다고요?

나는 나의 직관을 믿소.
당원의 권리를 알려주겠소.
당원이 되면, 결정을 내려야 할 모든 사안에 투표할 권리를 갖게 되오.

그뿐만 아니라 당 사업을 조직하고 추진할 자금을 지원받게 될 거요.

당신의 혁명 현장은 하바롭스크입니다.

저는 우랄노동자동맹을 조직했을 뿐인데, 그런 막중한 책무를 맡기는 것은 당으로서는 대단한 모험이 아닐까요?

동지는 누구보다 당의 임무를 완수할 자격이 있소.

당의 지원도 없이 혼자 우랄노동자연맹을 조직해 노동자들을 해방시킨 것만으로도 이미 훌륭한 혁명가요.
극동은 서부 러시아에 비해 소비에트의 역량이 더디오.
잠시 대화를 해보니 상대방을 설득하는 힘을 가졌소.
동지는 극동에서 소비에트, 즉 극동인민위원회를 조직해주시오.
중국어와 영어, 조선어까지 능통하니 동지 같은 인재를 얻은 우리 당이 오히려 영광이오.
극동의 소비에트를 강화하는 것이 레닌 동지의 뜻이오.

1917년 이른 봄, 옴스크 역

쑤라. 여기예요.
아? 이인섭 동지!

극동인민위원회의 중책을 맡은 것을 축하해요.

소식 한번 빠르군요, 하하.
어서 가십시다. 모두 쑤라를 기다리고 있어요.

나는 한인 애국청년 단체인 '드루즈바'(우정) 사무실이 있는 아르치메르스카야 14로 향했다.

사무실에는 이인섭을 포함하여 안경억, 최영훈, 조구봉, 손풍익 등 망명 생활을 하고 있는
20명의 청년들이 있었다. 난 그 자리에서 마르크스-엥겔스의 〈공산당선언〉을
조선말로 낭독했다. 동지들은 모두 진지하게
나의 낭독에 집중했다.

하나의 유령이 유럽을
배회하고 있다. 공산주의라는
유령이. 구유럽의 모든 세력들,
즉 교황과 차르, 메테르니히와 기조,
프랑스의 급진파와 독일의 경찰이
이 유령을 사냥하려고 신성 동맹을 맺었다.
반정부 당치고, 정권을 잡고 있는
적들로부터 공산당이라는 비난을 받지 않은
경우가 어디 있는가? 또 반정부 당치고,
더 진보적인 반정부 당이나 반동적인 적들에
대해 거꾸로 공산주의라고 낙인 찍으며
비난하지 않는 경우가 어디 있는가?
이 사실로부터 두 가지 결론이 나온다.
공산주의는 이미 유럽의 모든 세력들에게서
하나의 세력으로 인정받고 있다.
이제 공산주의자들이 전 세계를 향해 자신의
견해와 자신의 목적과 자신의 경향을
공개적으로 표명함으로써, 공산주의의
유령이라는 소문을 당 자체의 선언으로
대치해야 할 절호의 시기가 닥쳐왔다.
이러한 목적으로 다양한 국적을 가진
공산주의자들이 런던에 모여서 다음과 같은
'선언'을 입안하고 그것을 영어, 프랑스어,
독일어, 이탈리아어, 플랑드르어와 덴마크어로
발간한다…

I. 부르주아와 프롤레타리아

지금까지 존재한 모든 사회의
역사는 계급투쟁의 역사다. 자유민과
노예, 귀족과 평민, 영주와 농노,
길드 장인과 직인, 한마디로
억압자와 피억압자는 항상 서로
대립하면서 때로는 숨겨진, 때로는
공공연한 싸움을 벌였다. 그리고
각각의 싸움은 그때마다 대대적인
사회의 혁명적 재편 또는 경쟁하는
계급들의 공동 파멸로 끝났다.
이전의 역사적 시대에서는
거의 모든 곳에서 사회가
다양한 질서, 잡다한 사회적
서열의 등급으로 복잡하게
배열되어 있는 것을 볼 수
있다. 고대 로마에는 귀족, 기사, 평민,
노예가 있었고, 중세에는 봉건 영주, 가신,
길드 장인, 직인, 도제, 농노가 있었다.
이들 계급의 거의 대부분은 또 부수적인
등급들로 나뉘어 있었다…

공산주의 혁명에서 프롤레타리아가 잃을 것은 족쇄뿐이고, 얻을 것은 전 세계다.
전 세계 노동자들이여 단결하라.
이인섭이 필기를 마치더니 조선어로 옮긴 첫 '공산당선언'이라며 감격했다.
우리는 감격 속에 한마음으로 삼창을 했다. "전 세계 노동자들이여 단결하라. 단결하라. 단결하라."
이인섭이 회장, 안경억이 부회장으로 선출되었다. 페름, 예카테린부르크 등 시베리아 각 지방에 한인 볼셰비키 대표를 파견하기로 했다. 이인섭은 나와 함께 하바롭스크로 가는 기차에 몸을 실었다.
나는 드루즈바를 우랄노동자연맹 옴스크 지부로 개편했다.

1918년 3월, 하바롭스크에서 크라스노쇼코프 위원장 주재하에 한인정치망명자대회가 열렸다. 아령한인회* 세력을 중심으로 한 대회였다.

이동휘, 홍범도, 이동녕, 안공근, 이인섭, 와실리 등 60여 명이 참석했다. 대회는 지역별로 몇 사람씩 모아 담화하는 방식이었다.

난 대회장을 분주하게 오가며 크라스노쇼코프, 게라시모프 등 러시아 동지들과 한인 대표자들의 통역으로 배석했다.

첫 접견자는 주욱령에서 온 홍범도**였다.

* **아령한인회** : 러시아 한인 사회의 부르주아 조직인 전로한족회를 대체하여 생긴 단체. 와실리, 러시아 장교 출신인 유스테판, 이동휘의 측근인 김립 등 10명이 주축이 됨.

** **홍범도**(1868~1943) : 조선 말기 의병장, 일제강점기 독립운동가.

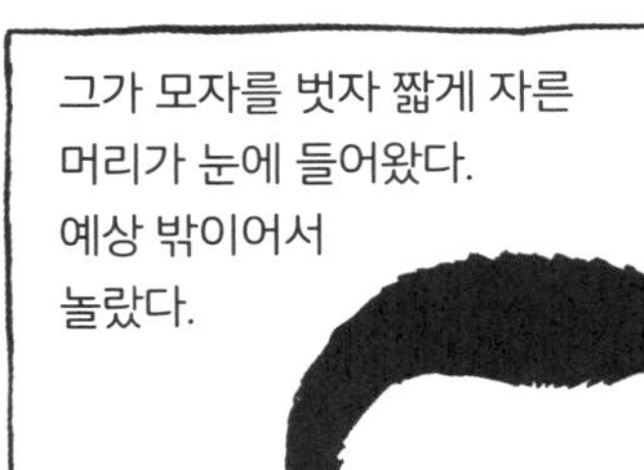
그가 모자를 벗자 짧게 자른 머리가 눈에 들어왔다. 예상 밖이어서 놀랐다.

선생님은 언제부터 상투를 깎아버리셨는지요?

을미년에는 단발령에 반대해 싸웠는데

중국으로 건너가 산간에서 빨치산 활동을 하면서

어찌나 이가 득실득실하던지요.

그때 상투를 시원하게 잘라버렸지요.
솔직하고 겸손하지만 힘 있고 강직한 목소리.

나와 악수를 한 두툼하고 억센 그 손으로 일본 순사를 때려 눕히고, 만주의 산간을 개간해 농사를 짓고 자경의병대를 조직했다.

조선 독립을 위해서는 군대가 필요합니다.

제 생각은 조선 독립을 위해 러시아의 지원은 필요합니다만…

조선 독립 혁명가들이 볼셰비즘까지 받아들이는 것은 반대합니다.

이동녕* 선생의 생각은 다르구나.

조선 독립은 민족단체인 광의단을 중심으로 전개되어야 합니다.

소비에트는 물질적인 도움만 받고 이념적인 도움은 받을 필요가 없어요.

* **이동녕**(1869~1940) : 대한제국의 계몽운동가, 언론인이자 일제강점기 독립운동가.

무식한 노동자나 농민들이
어찌 혁명 사업을 성공시킬 수
있단 말입니까?

민스크 전선에서 참호를
파던 사람들,

우랄에서 목재나 자르던
사람들,
이 선생 말씀이 맞아요.

담배말이를 하던 사람들이
독립운동가는 아니지요.
그러게.

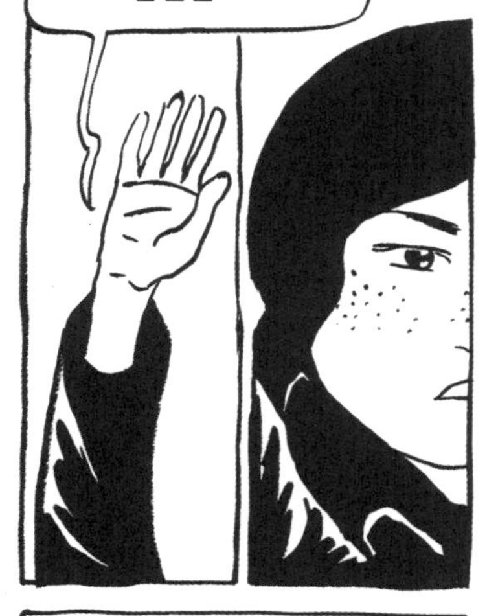
잠깐만요.

제가 한 말씀 드리지요.

지금 조선의 부산, 청진,
평양 등 각 도시에서 일하는
목수, 건축노동자 등

러시아에 와서 노역하는
수만 명의 노동자들은

모두 일본이 조선을
강점하기 전까지는 자기
토지를 소유하고 살던
농민들입니다.

그들은 돈을 벌기 위해
고향을 떠난 것이 아니에요.

조국이 일본에 강탈당하니
할 수 없이 살길을 찾아
온 것이고

또 생존을 위하여 싸우는
투사들입니다.

그리고 이전부터 총을 들고
싸운 의병들은

유식한 신사들이 아니라 지금
이 자리에 참석한

홍범도 선생같이 노동자,
빈농들이었으며

장래에 조선 독립을 위하여
싸울 독립군도 바로

노동자, 농민인 것입니다.

이동녕 선생, 광의단도 결국은
독립군 양성 단체가 아니겠습니까?

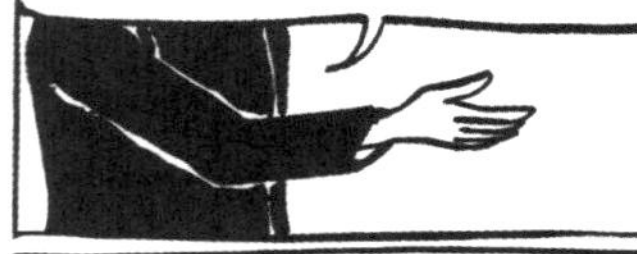
이동휘, 유동렬 선생이 우리와
합의한 대로 하바롭스크에
한인 사관학교를 설립할
것이니

따로 광의단을 조직할 필요 없이

사관학교에 생도들을 보내
교육하면 되는 것입니다.

내 말은 먹혀들지 않았다.

이동녕 일행은 전로한족회
간부들을 따라 니콜스크-
우수리스크에서 열리는
제2차 전로한족회에
참석하기 위해 떠나고

하바롭스크에는 볼셰비키를
지지하는 대표들만 남았다.

전로한족회는 시베리아
내전에 대해 중립을 선포하기
위해 회의를 소집했다. 나는
반혁명 세력과의 내전과
연합국의 무장 간섭이라는
이중 부담을 안고 있었다.

비상시국이었다. 1918년 1월 18일
소집된 제헌의회에서는 사회혁명당의
체르노프가 의장으로 선출되었다.
비상 정황에 직면한
레닌은 다음 날 군대를 동원하여
제헌의회를 해산했다.
그러자 볼셰비키 혁명에 반대하는 세력들이
조직적인 군사 활동을 전개함으로써 러시아
전역은 내전 상황에 돌입했다.

특히 국경에서 반혁명 세력은 적위군*을 압도하고 있었다. 유럽러시아의 남부·동부 지역인
돈강, 쿠반강, 테레크강 유역에서는 알렉산드르 콜차크 제독이 권력을 장악했다.
바이칼 지역의 카자흐 사령관 세묘노프는 일본군의 지원을 등에 업고 동부 시베리아 일부를 지배하고 있었으며,
유럽러시아 동부 지역에 주둔한 백위군**은 체코 포로병 4만여 명을 규합해 전력이 크게 증강되었다.
가장 심각한 곳은 극동 지역이었다. 연해주의 백위군 대장 칼미코프가 블라디보스토크를 근거지로
정변을 꾀하고 있었다.

* **적위군**(赤衛軍) : 러시아 혁명 기간인 1918년 1월, 차르 정권을 뒤엎고 볼셰비키의 지도 아래 노동자들로 편성한 군대.
** **백위군**(白衛軍) : 적위군에 대항하여 정권을 다시 찾으려고 왕당파가 조직한 반혁명군.

1918년 4월 18일 하바롭스크 포포스카야 15번지. 사람들이 '붉은 벽돌집'이라고 부르던 그곳은 원래 하바롭스크 인민위원회 사무실이었다.

지금 내가 쓰고 있는 이 일기는 사적인 나의 근황을 넘어 이 시대 역사의 기록이다. 보리스와 드미트리가 성장한 후 읽을 수 있기를 기대해본다.

이 기록이 오롯이 보존될 수만 있다면…

1918

인민위원회 사무실에서 최초의 한인 사회주의 정당(한인사회당)이 탄생했다.

임시 의장은 이동휘,

부위원장은 보리스의 아빠이기도 한 와실리,

군사부장 유동렬,

당 기관지 《자유종》 주필을 겸한 출판부장에 김립,

내무부장 겸 선전부장에 이인섭 등을 선출하였다.

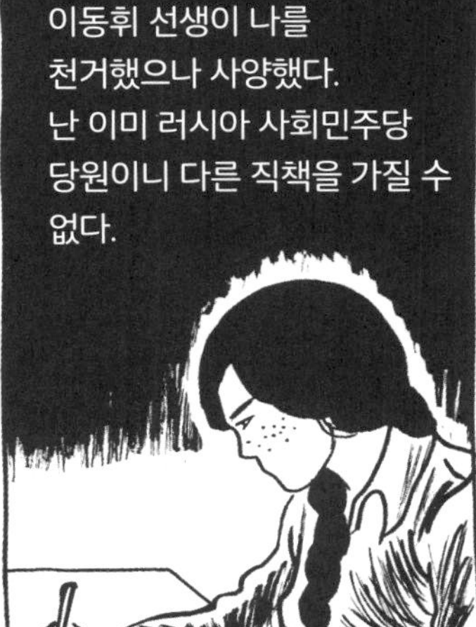
이동휘 선생이 나를 천거했으나 사양했다. 난 이미 러시아 사회민주당 당원이니 다른 직책을 가질 수 없다.

5월 2일, 블라디보스토크에 있는 아이들을 유모인 로자와 함께 하바롭스크로 오게 했다.

밖의 일 때문에 집에는 자주 들어가지 못하지만 아이들을 언제든지 볼 수 있는 곳에 있으니 마음이 한결 가볍다.

잠깐일지라도 아이들을 보면 지금이 전시 상황이라는 것을 잊는다.

7월 25일, 체코 군단과 백위군이 예카테린부르크를 옥죄어오고 있다.

스베르들로프 위원장이 예카테린부르크에 감금되어 있던 니콜라이 2세와 황후에 대한 사살 명령을 내렸다.

황후의 이름이 나와 같은 알렉산드라다. 같은 이름의 다른 계급, 다른 세상의 그녀와 나.

괴승 라스푸틴의 도움으로 신비주의적 통치를 황제에게 조언해온 황후다.

황제와 황후가 처형되었다니 러시아의 진정한 왕은 이제부터

민중이다.
민중이 주인이다
민중의 나라

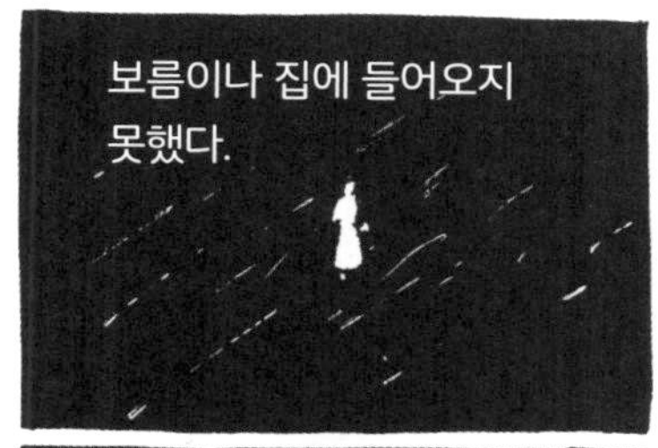
보름이나 집에 들어오지
못했다.

우수리 전선이 터지면

하바롭스크를 내주고

퇴각해야 한다.

그렇게 되면 상황은

돌이키기 힘들어진다.

쑤라.
로자.

비가 오는데 빨래하시는 거예요?
며칠째 비 때문에 못 했더니 아이들 빨래가 밀렸어요.

보리스와 드미트리는요?
감기 때문에 일찍 재웠어요.
약은요?
먹였어요.

둘 중에 한 명만 감기가 걸려도 금세 옮네요. 보리스가 열이 좀 있었지만 내렸어요, 지금은.
창문 열고 환기 좀 시키세요.

쑤라, 얼굴이 너무 해쓱해요. 부엌에 굴라시* 가 있으니 먹어요.
괜찮아요. 일단은 좀 씻어야겠어요.

* **굴라시** : 헝가리식 쇠고기 야채스튜.

따뜻한 물에 몸을 담그니
좋구나.

언제 다시 집에 돌아와 이렇게
목욕을
하고

옷을 갈아입을 수 있을까?

전황은 아주 불리했다.

서부전선을 뚫고 지원군이
올 가능성은 전혀 없다.

동쪽에서 쳐들어오는
칼미코프 백위군과
일본 연합군을
물리치기엔
역부족이었다.

게다가 상대는 군사 교육을
제대로 받은 정규군에 신식
무기로 무장하고 있는 데
비해

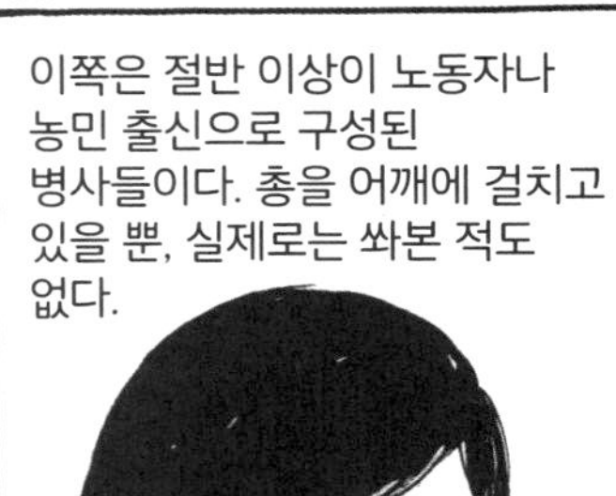
이쪽은 절반 이상이 노동자나
농민 출신으로 구성된
병사들이다. 총을 어깨에 걸치고
있을 뿐, 실제로는 쏴본 적도
없다.

드미트리, 보리스.
사랑하는 우리 강아지들.
엄마가 마음 약해지지 않을게.
사랑해. 사랑한다.

안녕, 드미트리.

안녕, 보리스.

딸칵
쑤라.
로자.

저 때문에 잠을 깼군요?
이제 가면 언제 오나요?

언제가 될지는 저도 알 수가 없어요.

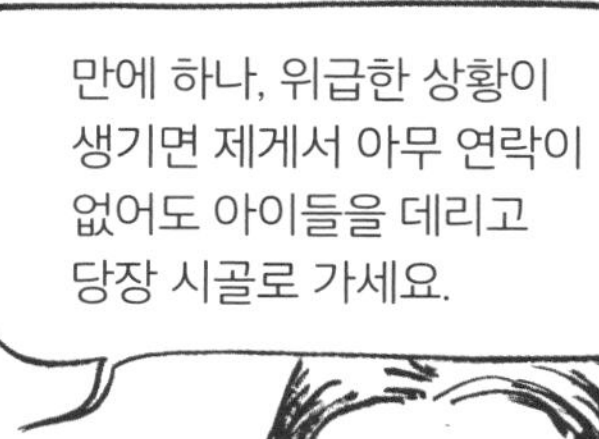
만에 하나, 위급한 상황이 생기면 제게서 아무 연락이 없어도 아이들을 데리고 당장 시골로 가세요.

내가 가진 모든 돈과 편지 한 장을 아이들 방 책상 위에 두었어요.
아이들을 지켜줘요. 부탁해요.
적위군이 하바롭스크를 진압하는 날, 저도 돌아올 거예요.

아무데도 다치지 말고
꼭 돌아와요, 쑤라.

미안해요, 로자.
그리고 고마워요.

아직
동이 트지 않은
이른 새벽,
나는 집을 나왔다.
발걸음이 무겁지 않았다면
거짓말일 것이다.
내 심장 같은
드미트리와 보리스를
두고 집을 나서는
마음 안에 무거운 돌이
내려앉는다.
그러나 나는
멈춰서도 안 되고,
멈출 수도 없다.
앞이 보이지 않는
불안한 미래여도
오로지 앞으로
전진한다.

시베리아의 딸,
김알렉산드라

7화

1923년
블라디보스토크

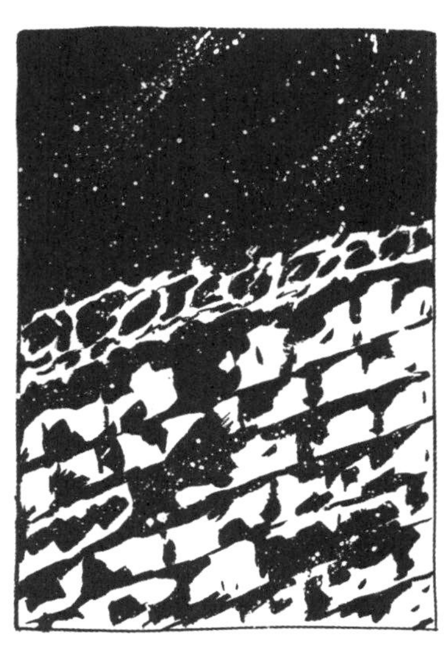

무슨 눈이 이렇게 밤새 내리는지.

나 가는 마지막 길을
하늘이 환영해주는 건가?
나 같은 살인자를? 크크.

그나저나 하던 이야기나
좀 더 해보시오.

그러니까 당신 생각엔
내가 죽인 그 볼셰비키
한인 여자가

당신이 말하는 그 '쑤라'인가
하는 그 여자란 말이오?

그렇소.

당신은 그 여자가 백위군에
잡혔을 때 함께 잡힌 거요?

맞소. 하지만 그녀 덕분에
나와 동지들은 살아 나왔소.
우리는 풀려났지만 쑤라는
갖은 고문을 당한다는
소문을 들었지.

나 또한 당신처럼 죄책감에
시달렸소.

하바롭스크가 백위군에
점령되기 사흘 전이었소.

거리엔 부상병들이

꼬리를 물고 이어졌지.

쑤라는 우리가 하바롭스크를 떠나 블라디보스토크, 블라고베셴스크로 가야 한다고 했다. 그곳에서 당 간부들과 합류한 후 아무르강을 거슬러 몽골, 신장을 경유해 중앙아시아로 해서 모스크바로 들어가야 한다는 게 그녀의 생각이었다.
하지만 시가전이 임박한 하바롭스크를 떠난다는 것은 간단한 일이 아니었다. 연합군이 시베리아 일대를 장악하고 있었다. 하바롭스크 동쪽은 백위군 수중에 떨어진 상태였다.

유일한 혈로는 아무르강이었다. 다행히 이동휘 선생은 우수리강 변에 있는 한인 농촌으로 피신한 상태였다. 그리하여 쑤라와 나, 그리고 한인사회당 간부 김립, 유동렬, 안홍근, 심백원, 박밀양, 김상필, 주용건, 전원산 등 모두 13명이 배에 탑승했다.

푸른 하늘 아래
햇살을 받아 반짝이는
아무르강과 저 평화로운
갈매기들을 보면 전쟁
중이라는 사실이 믿기지
않아요.

하지만
보세요.

승객들은 대부분 내전을 피해 삶의 터전을 등진
피난민이지요.

어느새 해가 지고
하늘도 강도 어둠에
잠겼다.

조국이 일제에 속박된
이래 중국과 러시아를 떠돌며
살아온 우리의 운명이
아무르강 위에 떠 있었다.

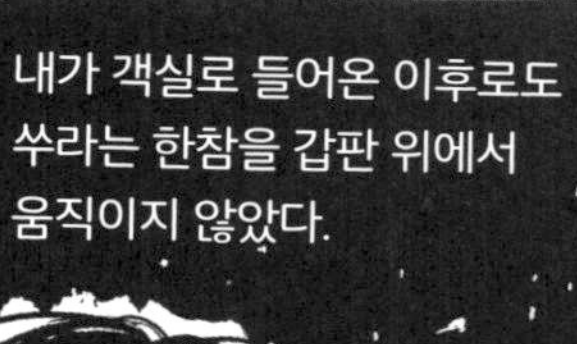
내가 객실로 들어온 이후로도
쑤라는 한참을 갑판 위에서
움직이지 않았다.

그녀는 무슨 생각을 하고
있었을까?

그날따라 하늘에 별이
쏟아질 듯했다.

똑
똑
코미사르 동지.

무슨 일이지요?
저 건너편 언덕에서 백위군이 기선을 향해 총을 겨누고 있어요.
뭐라고요?
배를 멈추지 않으면 사격을 하겠답니다.
여긴 어디입니까?

예카테린-니콜스크 부두예요.
어찌 된 일이지요? 기선은 블라고-베센스크로 향하고 있었잖아요?

밤사이에 하류로 떠내려와 정박했단 말인가요?

간밤에 위험을 느낀 선장이 이곳에 몰래 정박한 뒤 종선을 타고 혼자 도망간 것 같아요.

기선을 당장 부두에 대라.
아니면 대포를 쏘겠다.

발사!

펑

정박하겠소. 이대로 대포를 맞아
개죽음을 당할 순 없소.

동지들, 당장 모든
비밀 문건을 강에 던지시오.

동지들은 절대 나를 모르는 거요.

가능한 한 조선말은 하지 말고
일본어를 하세요.
시간이 없어요.
어서 흩어지세요.

9월 5일 이른 아침,
나는 쑤라가 지시하는 대로
문서가 든 가방을
강물에 던졌다.
쑤라의
마지막 말을
기억한다.
"조선에서 사회주의 혁명의 승리를 이룰 수 없다면 우리의 아들딸들이 이룰 것이다."
"그들이 못 해낸다면 손자손녀들이 해낼 것이다."
우리가 체포되었던 이날,
하바롭스크가 백위군과 일본군에 함락되었다.

그래. 듣고 보니 그 여자가
맞는 것 같군.

쑤라라는 그 여자.

잔인하기로 유명한
칼미코프 대장에게
걸렸어.

칼미코프는
그녀에게 전향서를 요구했지.
너희 동지들의 리스트도.

그 여자가 그의 요구를
들어줬어도 어차피
살진 못했겠지만,
끝까지 안 불었지.
전향서도 안 썼고.
그 누구도 그의 고문을
당해내지 못했는데 말이지.

칼미코프는 남을 이해하는
인간이 아닌데, 그 여자가
그렇게 버티니 궁금했겠지.

왜 조선인이 러시아 볼셰비키
혁명에 참가한 건가?

조선인이기에 볼셰비키다.
억압받는 형제들의 자유와
해방을 위해 싸웠고, 영원히
그럴 것이다.

그녀의 군사재판정에서의
일화도 우리 사이에서는 유명해.
워낙 특이한 경우
였으니까.
재판장이 그녀에게 물었지.

당신은 조선인이므로
러시아의 국사에 참여할
권리가 없다.

그러니 모든 것을 인정하고
뉘우친다면 당신을
석방하겠다.

인정하고 뉘우치라고?

당신은 내가 조선 출신으로서
이 전쟁에 참가한 것으로
여기는가 본데,
나는 러시아 영내에서
태어나 자랐다.

적위군 병사들과 함께
이 전쟁에 참가한
수백 명의 조선인은

모두 노동자·농민,
조선 애국자들이다.

그들은 소비에트 권력을
방어하는 것이 조선 민족을
해방에 이르게 해줄 것임을
잘 알기 때문에 열성적으로
이 전쟁에 참가한 것이다.

그렇소. 우리 조선인 대부분은 일본제국주의에서 해방되기 위해

만주에서, 조선에서, 극동 전역에서 손에 무기를 들었소.

결국 다른 나라의 전쟁에 휩쓸려 희생되는 경우도 많았소만, 우리는 멈추지 않을 거요.

언젠가 내가 만주나 연해주에서 빨치산 활동을 하겠다고 그녀에게 말한 적이 있었소. 그때 그녀가 그러더군요.

인섭 동지, 총알 하나는 단 한 사람을 죽일 수 있지만

한 장의 삐라는 적의 모든 군사력을 무너뜨릴 수 있어요.

나는 선전 삐라와 조선어로 번역한 정치 문서를

조선으로 보내는 것이, 훈련되지 못한 활동가들을 지휘하는 것보다 유익하다고 생각해요.

쑤라의 재판은 어땠소? 좀 아시오?
한 재판관이 마지막으로 그녀에게 제안을 했지.

만약 여성으로서 당신이
재판관들에게 자신의 범죄를
뉘우친다고 호소한다면

당신은 자유의 몸이 될 수 있다.
여성으로서?

당신의 표현은 나뿐만 아니라
이 세계 인구의 반을 점하는
모든 여성을 모독했어요.

당신은 여성의 권리를
인정하지 않고 있지요.

계급투쟁에 나뿐만 아니라 수만
명의 여성이 참여하고 있어요.

당신은 그 모든 여성에게
자신의 활동을 뉘우치라고
얘기할 건가요?

잘 들으세요. 몇 년 뒤에
극동에서, 조선에서, 중국에서,
전 세계에서

여성이 남성과 나란히
사회주의 혁명 운동에 참가할
것입니다.

내가 해오던 일은 여기서
끝나는 것이 아니라, 수만 명의
여성 가운데서 전개되어 나갈
것입니다.

만약 내가 당신의 말대로
여성으로서 자신의 범죄를 뉘우친다면,
나는 프롤레타리아 혁명을 배신하고
전 세계 여성 앞에
죄를 범하는 게 될 것이다.

알렉산드라의
마지막은 어땠소?
고통 없이 갔소?
저벅
저벅
하바롭스크시
공원 맞소?
시신을 찾으려고
애썼지만 찾지 못했소.
저벅
그녀는 나와
동지들을 살렸소.
저벅
아는 것이 있다면
제발 말 좀 해주오.
그녀의 시신은 어쨌소?
발자국 소리.
날 죽이러 오는
저 발자국 소리가
들리는가?
혹시 유언은?
유언은 없었소?
저벅
저벅

오늘이 내 사형 날이야?
벌써 아침인가?

안 돼. 난 죽을 수 없어.
난 아직 젊다고.

철컹

거기 조선인.
나와.

그날, 나는 석방되었고

김알렉산드라를 총살했다는 그자는 사형당했다.

전쟁 때는 사람들이 숨 쉬듯이 죽는다.
밥 먹듯이 죽는다. 눈 깜박이듯
죽어나간다.

유죄건 무죄건, 그런 건 중요하지 않다. 손바닥
뒤집듯 바람에 휩쓸리는 갈대처럼 죽고 산다.
죽고 죽는다.

나는 오랜 세월이 흘러 1952년 우즈베키스탄
안디잔으로 이주한 이후에야
김알렉산드라의 흔적을 찾으며 그녀에 대한
기록을 수집하는 일을 시작할 수 있었다.

내 눈을 천으로 가리지 마라.
나는 죽음을 내 두 눈으로 똑똑히 보고 싶다.

Александра
Петровна Ким
1885~1918

1885년	2월 22일, 러시아제국 시베리아(연해주) 우수리스크의 한인 마을 시넬니코보에서 태어나다.	조선-일본 간 한성조약
1896년경	러시아-중국 간 동청철도 건설 현장 통역관으로 징집된 아버지 표트르 김(김두서)을 따라 만주 하얼빈으로 이주하다. 소학교와 건설 현장 임시학교에서 중국어를 배우다. 건설 현장 노동자의 처참한 현실과, 통역사로서 그들의 대변인이었던 아버지를 통해 계급의식을 갖기 시작하다.	아관파천
1902년	6월, 아버지 별세하다. 이후 아버지의 친구이자 동청철도 아세허 역장인 폴란드계 러시아인 이오시포 스탄케비치 집안에 잠시 의탁하다. 블라디보스토크로 이주해 여성사범학교에 입학하다. 러시아 대학가에서 유행하던 사회주의에 심취하다.	
1905-1907년경	블라디보스토크에서 벌어진 노동운동에 가담하다. 러시아 헌병의 추적을 피해 중국 내 둥닝현 싼차커우의 한인촌으로 피신하다. 이 시기에 만주 지역 독립운동가들과 교류가 이뤄지다.	을사조약
1914년	블라디보스토크 한민회 주선으로, 우랄산맥 서쪽 벌목 현장인 페름에 통역으로 파견되다. 제1차 세계대전이 벌어지면서 우랄 일대의 무기 공장과 벌목장에 조선인들이 강제 동원됐고, 하나같이 임금 체불과 비인간적 처우에 시달리고 있었다.	제1차 세계대전 발발
1915년	중국인과 조선인 노동자들이 벌목공으로 일하던 나제진스키에서 러시아어-중국어-조선어 통역사로 일하다. 아버지가 그랬듯 노동자의 신실한 대변인으로 활약하다.	
1917년	러시아공산당(볼셰비키) 당원이 되다.	
	3월, 노동조합 운동과 지하당 합법화를 거쳐 볼셰비키 조직인 우랄노동자동맹 결성을 주도하다. 2월 혁명 직후 차르 정부가 미지급한 노동자 임금을 받아냄으로써 명성을 얻다. 이 시기를 전후해 페테르부르크를 두 차례 방문하고, 블라디미르 일리치 레닌을 접견하다.	2월 혁명
	7월, 예카테린부르크를 떠나 옴스크, 치타를 거쳐 하바롭스크로 파견되다. 한인 사회 내의 공산당 세포조직을 담당하다.	
	10월, 블라디보스토크 극동 지역 대표자 회의에 참석하다. 이 자리에서 '조선 인민의 자랑스러운 딸'이라는 극찬을 받다.	10월 혁명 (볼셰비키 혁명)

1918년	1월, 하바롭스크 극동인민위원회의 외교인민위원(외무위원장)에 임명되다. 러시아에 수감 중이던 이동휘의 구명 운동을 전개하여 그가 석방되는 데 결정적인 역할을 하다.	
	3월, 하바롭스크에서 열린 한인정치망명자대회에 통역으로 참여하다.	
	4월, 최초의 한인 사회주의 정당인 한인사회당 창당에 참여하다. 이동휘, 김립, 유동렬 등 독립운동가들과 김알렉산드라를 비롯한 한인 2세들이 주축이 되어 '반일본 반제국주의의 사회주의 노선'을 강령으로 삼았으며, 당 산하에 출판사 보문사를 설립하고 기관지 《자유종》을 발간하다.	
	6월, 반혁명 세력인 러시아 백위군과 일본군에 맞서 이동휘와 함께 100명 규모의 '한인사회당 적위군'을 조직하다. 한인 적위군은 우수리 전투에서 제1국제연대 소속으로 참여했으나 병력 절반을 잃고 후퇴한다.	
	8월, 하바롭스크 극동인민위원회는 빨치산(유격대) 체제로 전환하고 아무르주로 퇴각한다.	
	9월, 일본군과 러시아 백위군에 하바롭스크가 포위, 함락되다. 김알렉산드라와 공산당 지도부 13인은 아무르강을 오가는 기선에 은신했으나 백위군에 발각, 체포된다.	
	9월 16일 새벽, 하바롭스크 아무르강 변에서 일본군과 백위군에게 총살되다(향년 33세).	제1차 세계대전 종전
2009년	대한민국 정부로부터 건국훈장 애국장이 추서되다.	

백 년 전에 내가 이 땅에 태어났다면 어땠을까? 빼앗긴 나라에서 여성으로, 가난한 서민의 자식으로 태어났다면?

중학교 3학년 때였다. 나까지 다섯, 친구들과 음악 그룹을 결성했다. 우리는 모두 여자였다. 나는 드럼을 맡았다. 드럼을 칠 줄 알아서가 아니었다. 우리는 각자 맡은 악기를 배우기로 했다. 하지만 학원비가 없었다. 부모님께 드럼을 배우겠다고 학원비를 탈 수가 없었다. 그 어떤 학원도 다닐 수 없을 만큼 우리 집의 경제적 형편은 넉넉하지 않았다. 부모님이 게을러서 일을 하지 않아서가 아니었다. 일 년 내내 단 하루도 쉬지 않고 밤낮으로 일을 해도 부자가 되지 못했다. 열악한 환경에서 식사를 건너뛰며 노동을 해도 부자는커녕 넉넉해지지도 않았다. 뭐가 잘못된 걸까?
우리 그룹에서 베이스를 맡은 친구는 흔히 말하는 '소녀 가장'이었고, 아르바이트로 공장에서 일을 하며 학교를 다녔다. 우리도 모두 그 친구가 다니는 공장에서 방학 동안 일을 하여 학원비를 벌기로 했다. 장갑의 실밥을 자르는 일이었다. 쉽다고 생각했다. 첫날, 친구들끼리 앉혀놓으면 작업 효율이 떨어진다고 작업반장은 우리를 흩어져 앉게 했다. 나는 낯선 어른들과 한 테이블에 앉아 하루 종일 장갑의 실밥을 잘랐다. 작업장은 창문도 없었고 공기가 안 좋아 알레르기가 있는 나는 잦은 기침이 나왔다. 쉬는 시간도 없었고 수다도 떨면 안 되었고 음악도 들으면 안 되었다. 테이블 위에 산처럼 쌓인 장갑의 실밥을 자르는 그 일은 아무리 벽에 걸린 시계를 쳐다봐도 시간이 가지 않았다. 그곳에 더 있다가는 미쳐버릴 것만 같았다. 나는 그곳에서 일주일을 버텼다. 일주일 노동비를 받았다. 몇 만 원도 되지 않았다. 나는 돈을 받자마자 동네 빵집에 가서 친구들과 스트레스 해소로 빵을 사 먹었다. 그렇게 노동의 대가를 단 한 번에 모두 날려버렸다. 드럼도 포기했다.

1994년 초, 나는 프랑스로 유학을 가겠다고 부모님께 말했다. 주위 사람들은 여자가 밖으로 돌면 안 된다고, 우리 부모님에게 유학 따윈 절대 보내지 말라고 했다. 대학까지 보낸 것도 과하다고 했다. 그런데도 대학까지 나왔으면 시집이나 갈 것이지 또 무슨 유학이냐고 했다. 그러나 아버지는 딸도 배우겠다고 하면 가르쳐야 한다고 했다. 배우고자 하는 자식은 딸이건 아들이건 상관없다고 그들에게 말했다. 나는 내 부모님의 응원과 지지 덕분에 내가 하고 싶은 공부를 할 수 있었다.

2019년, 김알렉산드라에 대한 만화 작업을 하면서 든 생각 중 하나는 내가 그녀가 살던 시대에 태어나지 않은 것이 얼마나 다행인가 하는 것이었다. 내가 지금 여성으로서 이만큼의 자유와 권리를 누릴 수 있는 것은 바로 수많은 김알렉산드라의 투쟁 덕분이리라. 나는 내가 태어난 나라를 절대적으로 사랑하고 헌신해야 한다고 생각하는 "애국자"도 아니고, 우리 민족만이 최고라고 생각하는 혈통중심적인 "민족주의자"도 아니다. 그렇다고 이론적으로 활동하는 페미니스트도 아니다. 단지 인간은 평등하며 남녀 구분 없이, 계급과 지위, 민족과 인종을 떠나 같은 인간으로서 존중받아야 한다고 생각한다.
모두가 평등한 세상은 불가능하지만 그 차이를 점점 줄일 수는 있다. 그런 면에서 백 년 전에 살았던 김알렉산드라는 진정한 독립운동가였으며(빼앗긴 나라를 되찾아야 하는 것은 당연하지만 어떤 나라를 되찾느냐, 누구를 위한 나라인가, 어떤 나라를 만드는가는 더욱 중요하다) 혁명가이자 선구자였다.

2020년 봄,
김금숙